똘레랑스 독서토론

일리

일러두기
+외국어 표기법을 준수했다. 관행을 따르기도 했다.
++본문에 등장하는 아이와 부모 이름은 가명이다.

똘레랑스 독서토론

배진시 지음

일리

들어가며

무지한 사람의
무모한 도전

어느 날 유치원에서 마주친 막내 아이 친구 엄마들과 고민을 나눈 게 일의 시작이었다. 그날 엄마들은 다들 걱정스러운 표정들이었다.

"토론이 대세래요."
"토론을 못 하면 생기부에 불리하다던데……"
"자기 의사 표현은 제대로 해야 하지 않겠어요."
"어떻게 토론을 시키죠?"
"토론은 어디서 해야 하나요?"
"토론 학원 좀 아는 데 있어요?"

"나는 토론은 자신 없지만, 우리 애는 시키고 싶어요."
"IB식 토론을 하는 곳이 있을까요?"
"바칼로레아 하면 프랑스 아닌가요?"
"토론하면 프랑스겠네. 우리 중에 프랑스에서 공부한 사람이……"

웅성거리던 엄마들 시선은 어느새 나에게 쏠리고 있었다. 내가 프랑스에서 공부한 걸 알고 있었기 때문이다. 나는 그 시선의 압박을 견디지 못하고, 또 넓은 오지랖을 감추지 못하고 토론수업을 승낙하고 말았다.

하겠다고는 했지만, 선뜻 시작할 수 없었다. 1년여 동안 뜸을 들였다. 초등학교 때 책을 좋아하던 아이들도 중학생이 되면 책을 끊고, 말하기 좋아하던 아이도 중학교에 가면 입을 닫아 버리는 신비로운 나라 대한민국에서 토론수업을 어떻게 해야 할지 고민하지 않을 수 없었다. 한편으로는 프랑스에서 부러웠던 그들의 토론문화와 살롱(Salon)문화를 한국에 가져오는 꿈을 실현해 볼 기회라고도 생각했다. 그래서 오래된 박스를 열어 중등정교사 자격증, 멀티테라피(Multitherapy) 자격증, 논술 자격증 등의 먼지를 털어내고, 아이들을 가르치려고 교육청 등록 등의 법적 절차를 밟았다. 박사수료까지 10년 이상 철학을 공부하며 얼마나 많은 토론을 했던가. 대학 강단까지 서지 않았던가. 이제 아이들에게 토론의 씨앗을 심어줄 때가 되었다고 느꼈다.

'교재대로 찬반 토론을 하면 아이들이 재미있어할까?'
'토론한다면서 아이들을 괴롭히는 것은 아닐까.'
'프랑스 사람들은 그냥 토론하잖아. 어렵게 여기지 않고 편하게 말을 잘하잖아……'
'프랑스에선 아이나 어른이나 의사 표현에 거리낌이 없잖아.'

프랑스 유학 시절 경험했던 독서와 토론문화가 떠올랐다. 프랑스에서는 아이들을 한 방향으로 몰고 가지 않았다. 다름을 인정하고 너그러이 받아들이는 똘레랑스(Tolérance) 가치에 바탕을 둔 프랑스인들의 독서토론 문화에서 배울 게 많았다. 특히 아이들을 키우고 교육 현실을 접하면서 느꼈던 여러 가지 아쉬움을 똘레랑스로 풀 수 있지 않을까 하는 생각을 하던 터였다. 진정 아이를 사랑하고, 조금 늦더라도 스스로 자신의 미래를 개척해나갈 수 있는 아이로 키우려면 '똘레랑스 독서토론'의 길을 가는 게 맞는다고 믿었다. 당연히 독서토론 방법론이 달라야 한다고 생각했다.

먼저 긴장을 풀고 하고 싶은 말을 거침없이 할 수 있는 분위기를 만들어야 했다. 재밌어야 했다. 토론수업이 기다려져야 했다. 누구나 소통의 재미를 느껴야 했다. 그리고 생각의 틀이 깨지는 기쁨, 사고 확장의 희열을 느낄 수 있도록 해야 했다. 그래야 공부머리가 자연스럽게 열리고 호기심이 꼬리에 꼬리를 물어 스스로 공부하게 된다.

독서가 인풋, 글쓰기가 아웃풋으로서 의미를 지닌다면, 토론은 타인과 진실한 만남의 계기를 마련해 준다는 면에서 뜻깊다.

토론 방법에 관한 책은 많다. 좋은 토론의 예도 많다. 그러나 여전히 토론은 말 잘하는 아이들이 누비는 무대처럼 보였다. 나는 진짜 토론을 하기로 했다. 아이들의 나이가 어리기 때문에 모국어 습득 방식으로 토론을 배울 수 있을 것으로 생각했다. 그래서 부모에게 '수업 내용이나 성과에 대해 어떤 간섭도 하지 않는다'라는 다짐을 받았다. 그리고 우리는 수영하는 법을 모른 채 물에 뛰어들었다. 물을 즐기기로 했다.

모든 토론은 '나'에서 출발하기로 했다. 내가 어떻게 생각하는지, 나는 어떤 사람인지 드러내야 했다. 껍데기를 벗어던져야 했다. 그러자 진심만이 오롯이 남았다. 그리고 기적을 체험했다. 이론은 소용이 없었다. 토론에는 이론이 존재하지 않았다.

아이들의 갈증을 읽었고 마음을 보았다. 말은 거짓 공부를 할 수 없게 만든다. 강의가 아니기 때문에 딴 생각을 할 수도 없다. 토론은 본인이 참여해야 이루어지는 수업이었기에 아이들은 자연스럽게 자기 주도적

학습을 익혔다. 상대방의 말을 들어야 의견을 주고받으니 수업에 재미를 느꼈다. 토론수업을 하는 아이들의 표정이 그렇게 밝을 수가 없었다. 이렇게 모두 사랑스러운 아이들이었구나. 이렇게 모두 똑똑한 아이들이었구나. 누구나 토론수업을 통해 즐거운 공부가 가능했다.

그 느낌 그대로 토론 후엔 놀이터에서 함께 놀았다. 아무도 끼리끼리 따로 놀지 않았다. 평소에 운동도 안 하는데 나는 나이도 생각지 않고 아이들이랑 똑같이 달리다가 허벅지 근육이 찢어지고 멀리뛰기를 하다가 발목도 삐었다. 지금 생각하면 웃음만 나온다. 온 몸을 던졌던 기억에 가슴이 벅차오른다. 내 사랑을 받아 준 아이들을 생각하면 가슴이 뭉클하다. 어른은 아이를 가르치는 역할을 하는 사람이 아니다. 아이들이 스스로 배우도록 보살펴 주는 역할을 하는 사람이다.

나는 아이들을 만나는 순간 늘 행복했다. 무지한 사람이 시도한 무모한 도전 덕에 큰 깨달음을 얻었다. 왜 아이들을 독립 인격체로 대하고 다름을 존중해야 하는지, 배려하는 태도가 어떻게 아이들을 바꿔 가는지 직접 보고 체험할 수 있어서 기뻤다. 내가 한 일이라고는 '생각 깨기'였다. "정답 없는 수업이 무엇인지 제대로 즐겨보자고!" 매번 이렇게 되뇌며 수업에 들어갔다.

《똘레랑스 독서토론》은 그런 현장의 생생한 기록이다. 어떻게 하면 우리 아이들이 더 행복하게 배우며 살아갈 수 있는지 보여 준다. 한 사람의 체험으로 가슴에 담아두려 했으나 더 많은 사람과 똘레랑스의 힘을 나누고 싶어 책으로 묶었다.

　고비 때마다 격려해주신 '독서대통령' 김을호 교수님, 토론수업을 추진해주신 이행은 프뢰벨 분당센터 국장님, 생각을 깨우는 수업자료를 연구 개발해 공급해주신 황정민 칼라노리(Colornori) 대표님, 어린이가 좋아하는 놀이터 건립에 힘써주신 경기도의회 권락용 의원님, 늘 나와 토론해주신 부모님께 감사드린다. 무엇보다 나의 똘레랑스 독서토론에 참여해준 모든 아이에게 고맙다고 말하고 싶다.
　"얘들아, 철없는 선생님이랑 놀아줘서 고마워!"

2022년 8월

배진시

목차

들어가며
　무지한 사람의 무모한 도전　　　　　　　　　　　　004

1장 스스로 즐기는 독서

　1. 아이의 '다름'과 '차이'를 존중한다　　　　　　　015
　2. 가르치지 않으니 스스로 공부한다　　　　　　　021
　3. 아이의 관심 분야를 확인하고 책을 고르다　　　029
　4. 독서는 호기심을 충족하려는 자기 주도적 활동이다　036
　5. 외우지 않고 생각하는 독서를 한다　　　　　　044
　6. 그냥 두었다　　　　　　　　　　　　　　　　051
　7. 프랑스 동네 책방은 다르다　　　　　　　　　　058

2장 생각주머니 키우는 토론

1. 무모한 토론을 시도하다 067
2. 학부모들의 '비협조' 덕에 열띤 토론 벌였다 075
3. 토론이 독서를 부추기고, 독서는 토론을 뒷받침한다 082
4. 악동들이 토론에 집중하다 089
5. 부끄럼쟁이가 '토론왕'이 되다 096
6. 토론은 IB의 핵심 교육방식이다 103

3장 얽매이지 않는 토론

1. 토론수업에 시켜서 하는 준비는 필요없다 113
2. 주제 없이 하는 토론으로 사고력 키운다 119
3. 토론수업은 변화를 이끌어낸다 127
4. 토론은 어색해하는 아이를 당당하게 만든다 134
5. 토론은 미래 생존술이다 140
6. 토론에는 똘레랑스와 셀라비가 있다 145

4장 다름을 인정하는 똘레랑스

1. '틀려도 괜찮아' 받아들이는 게 똘레랑스의 시작이다 155
2. 색다른 시도가 '다르다'는 이유로 묻히지 않는다 163
3. 다름은 힘이 센 성장동력이다 170
4. 아이들이 각자 속도대로 갈 수 있게 둔다 177
5. 달리기가 창의적 행위로 해석될 수도 있다 184
6. 다름을 이해하면 사고의 폭이 확장된다 191
7. '똘레랑스 사회'는 다양성의 힘을 지닌다 199

5장 아이를 행복하게 하는 양육

1. 아이 인생에 너무 깊이 개입하지 않는다   209
2. 아이는 내가 사랑하는 '타인'일 때 가장 잘 자란다   216
3. 아이와 건강하게 떨어질 수 있어야 한다   222
4. 형제의 다름을 인정하다   229
5. 개성 있는 아이로 클 수 있게 도와야 한다   236
6. 아이의 행복을 막을 권리는 없다   242
7. 아이에게 책은 세상과 타인을 이해하는 통로다   248

6장 정서적 안정감을 주는 소통

1. 아이의 대학은 엄마의 액세서리가 아니다   257
2. 아이의 정서적 안정이 먼저다   264
3. 소통이 아이를 행복하게 한다   271
4. 부모가 신뢰하면 아이는 큰 힘을 발휘한다   278
5. 아이들을 한 줄로 세우지 않는다   285
6. 프랑스 아이들은 반항하는 법을 배운다   292
7. 프랑스에선 아이가 해결하게 기다린다   301

나가며

토론은 '치유'였다   310

1장

스스로 즐기는 독서

tolérance
lecture
débat

01
아이의 '다름'과 '차이'를 존중한다

막내 아이가 유치원 다닐 때 사귄 친구 엄마들과 이런저런 이야기를 나눌 기회가 있었다. 엄마들의 공통된 고민은 공부를 어떻게 시켜야 할지 모르겠다는 거였다.

"아이가 책 읽기를 싫어해요."
"벌써 공부하는 걸 싫어해서 걱정이에요."
"피아노도 싫다. 태권도도 싫다니 도대체 뭘 가르쳐야 할지……"

나는 아이들을 놀게 하고 싶었다. 함께 하면 더 좋지 않은가. 그래서

"아이들을 정기적으로 같이 놀게 할래요?"라고 말하고 싶었다. 그런데 엄마들은 '공부'를, '학습'을 고민하고 있지 않은가. 그런 엄마들에게 내 아이디어가 받아들여질 리 없지 않은가. 입 밖으로 나온 말은 "아이들 모아서 같이 공부시켜 볼래요?"였다. 순간 엄마들 얼굴에 화색이 돌았다. 나는 과거 아이들을 가르쳤던 경험을 살려 논술을 가르치겠다고 덧붙였다. 엄마들은 매우 좋아하며 나의 제안을 받아주었고, 매주 수요일 우리 집에서 모이기로 했다. 그게 2018년 초여름이었다.

첫날 아무것도 모르는 아기 같은 유치원생들이 모였다. 주변을 두리번거렸다. 목마르다고, 물 좀 달라는 아이도 있었다. 아이들은 자주 목이 마르기도 하고, 목이 마르지 않아도 물을 마시면서 탐색 시간을 벌기도 한다.

아영이는 곁에 보이는 장난감을 가리키며 "저건 뭐예요?"라고 물었다. 민혁이는 소파 위에 털썩 앉았다. 린아는 커튼을 들춰봤다. 아이들은 각자 방식으로 낯선 공간을 탐색했다. 잠시 둘러보게 그대로 두었다. 아이들이 여기서 뭘 하는 걸까, 궁금증이 생길 때쯤 미취학 아동용 논술 문제집을 꺼내 한 권씩 나눠 주었다.

"공부하는 거예요?" 다정이가 물었다.
"응. 공부하는 책이야."

"저는 공부 싫어해요." 민혁이는 대뜸 경계했다.

"어머, 나랑 똑같네. 나도 공부 싫어하는데……" 내가 응수했다.

그 말에 민혁이는 얼굴이 밝아졌다. 그 모습이 귀여웠다.

"이 문제집을 풀긴 풀 건데 안 하고 싶은 사람은 안 해도 돼!"

"전 구경만 할 거예요." 아영이는 기다렸다는 듯이 거부 의사를 밝혔다.

"그것도 좋지." 선뜻 받아주었다.

"전 글자 쓸 줄 알아요." 머리에 리본을 단 린아가 야무지게 말했다.

"저도 쓸 줄 알아요." 다정이가 따라 했다.

유아용 논술 문제집엔 이야기와 3개 정도의 문제가 있었다. 가족 소개라는 문제가 나오자 아이들은 저마다 자기 가족 이야기를 하고 싶어 했다.

"우리 아빠는 방귀를 잘 뀌어요." 민혁이가 아빠가 방귀쟁이임을 폭로하자, 아이들이 와~~하고 웃었다.

"우리 엄마는 세수하고 나면 얼굴에 점이 많아요." 린아는 감춰졌던 엄마의 민낯을 드러냈다. 아이들은 부모님 흉보기가 재미있는지 또 뭐 폭로할 게 없는지 생각하기 바빴다.

"우리 아빠는 우울증이에요." 다정이가 신나게 말하자 아이들 눈이 동그래졌다.

"우울증이 뭐야?" 린아가 아영이에게 작은 목소리로 물었다.

"나도 몰라." 아영이가 속삭였다.

"다정아, 우울증이 뭔지 알아?" 나는 다정에게 물어봤다.

"매일 기분이 안 좋은 거예요." 다정이 대답했다.

"저런…… 아빠가 왜 매일 기분이 안 좋으실까?"

"장난감을 안 갖고 놀아서요."

"그렇구나. 다정이 아빠가 신나게 놀면 기분이 좋아지실 텐데."

"우리 엄마는 뚱뚱한데 나보고 조금 먹으래요." 아영이가 들릴락 말락 얘기했다.

"아영에게만 조금 먹으라고 하니까 아영이가 억울했겠네."

"네." 아영이는 고개를 살짝 숙이며 대답했다. 아영이는 엄마 얘기하는 게 조금 마음에 걸리는 표정이었지만, 속상했던 얘기를 털어놓아서 후련한 듯했다.

아이들은 상대방 부모님 이야기를 귀 기울여 들으며 재미있어했다. 아이들이 각자 문제집을 다 풀고 만들기를 시작할 때까지도 민혁이는 연필을 들지 않았다.

"너도 이거 풀어볼래?" 내가 묻자 고개를 끄덕였다.

본문을 읽어주자 손가락으로 답을 가리킨다.

"이제 공부 다 한 거야. 공부가 힘들고 어려웠어?" 내가 묻자 민혁이는 고개를 도리도리 저었다.

"다들 고생했으니 신나게 놀아야지?"

그 외침에 아이들은 환호성을 질렀다. 만들기까지 마치고 아이들과 피구를 했다. 신나게 논 뒤에 아이스크림 하나씩 먹고 첫날 공부를 마쳤다.

"내일 또 오고 싶어요!"

아이들이 이구동성 소리쳤다.

아이들 나이를 고려해 무엇을 가르치기보다는 '배움'은 흥미롭다는 경험, 그래서 또 해보고 싶은 마음을 불러일으키는 걸 우선시했다. 한글을 막 뗀 아이들이 '헤겔(Hegel) 철학'(2021년도 수학능력 문제로 나와 많은 수험생을 울렸던 문제)까지 가는 여정이 얼마나 흥미롭고 재미있는지 그 길의 길잡이가 되고 싶었다. 여정의 나침반은 '똘레랑스'라고 믿었다. 아이들은 모두 다르다. 그래서 각자의 방법으로 목적지에 닿도록 응원하며 기다릴 작정이었다.

플라톤은 "소년을 엄격과 폭력으로 가르치려 하지 말라. 그의 흥미를 인정하고 받아들여 지도하라. 그렇게 하면 자기의 능력이 어디로 향하고 있는가를 소년 자신이 찾게 된다"라고 말했다.

억압, 통제, 지시가 아니라 관용을 베풀고 배려하는 마음으로 아이들과 함께하려 했다. 각 개인의 다름을 인정하고 차이를 받아들이는 교육을 실천해 보려 했다. 무엇보다 아이들을 우열이 아닌 다름의 잣대로 이해하고 싶었다. 독립된 인격체로서 개별성을 인정하고, 존중하고 싶었다.

칼릴 지브란이 한 말을 기억하고 실행하려 했다.

"여러분은 자녀들에게 사랑을 줄 수는 있지만, 생각을 강요할 수는 없습니다. 여러분이 자녀들처럼 되기 위해 노력할 수는 있지만, 자녀들이 여러분처럼 되게 하려고 애쓰지는 마십시오."

이 말에는 '차이에 관한 이해'가 중요하다는 생각이 깔려있다. '차이'와 '다름'을 이해하고 받아들이고 존중하는 태도, 프랑스에선 그걸 똘레랑스라고 부른다.

02
가르치지 않으니 스스로 공부한다

내 아이가 초등학교에 입학할 때 무엇을 선물해 줄까 고민했다. 2019년 2월 말, 당시 초등학교 입학생에게는 비싼 일제 책가방을 사 주는 게 유행이었다. 명품 코트를 사 주기도 했다. 게임기는 50만 원쯤 했다. 다 내 취향은 아니었다.

초등학생이 되는 아이에게 의미 있는 선물을 하고 싶었다. 그러다 문득 '공간'을 선물하면 어떨까 싶었다. 프랑스 유학 시절 지켜본 바로는 프랑스 아이들은 마당에 오두막이나 다락방 등 저마다 자신만의 공간을 가지고 있었다. 그래서 무작정 부동산중개소에 가서 작은 사무실 하나를 덜컥 계약했다. 1년 월세를 계산해 보니 L사 명품가방 가격과 같았다.

'그래, 친구들과 놀 곳이 없어 학원 가는 것을 생각하면 아깝지 않은 돈이야! 층간소음 일으키지 않으려 조심스러워하지 않아도 되고……'

그런 심산으로 사무실을 얻었다. 이웃들이 집에서 안 쓰는 매트, 미니 공기청정기, 책꽂이를 가져다주었다. '공간'은 동네 아이들에게도 개방했다. 코로나가 유행하기 전이라 그곳에서 아이들은 책도 읽고 보드게임도 하고 간식도 먹고 놀았다. 한마디로 동네 놀이방이었다. 나는 그 공간을 아지트라고 불렀다.

그곳에서 내 꿈을 펼쳐보기로 했다. '가르치지 않는 수업'을 해보고 싶었다. 가르치지 않는다는데 아이를 맡겨 줄 부모가 있을까. 그래서 '조금 가르치겠다'라고 말하고 아이들을 모았다. '조금'은 작은 목소리로 덧붙였다.

10여 명으로 시작했다. 한 20분 정도 받아쓰기 등 공부를 간단히 하고서는 상을 접어 옆으로 밀쳐두었다. 그러고선 레고조립, 만들기, 종이접기를 했다. 그날 학교에서 있었던 일, 형제간 다툼 등을 소재 삼아 수다를 떨었다. 덕분에 8살 아이들이 무엇을 고민하는지 알게 됐다.

함께 영화도 봤고, 책을 읽고 소감을 발표하기도 했다. 날씨가 좋으면 엄마가 퇴근할 때까지 놀이터에서 함께 시간을 보냈다. 아이들 간에 다툼이 생기면 놀이를 그치고 토론하게 했다. 누가 어떤 행동을 했고, 무엇 때문에 충돌했는지, 왜 양보하지 않았는지, 아이들이 토론해 갈등을 풀도록 했다. 나는 '개입'하지 않았다. 아이들이 스스로 생각하고 원인을 찾게 지켜보기만 했다.

수학은 문제와 교구, 재료만 주고 풀게 했다. 정답 채점은 하지 않았다. 풀어보는 과정에 집중하게 하기 위해서였다. 밖에 나가 나무 둘레를 재고, 친구들 손 길이를 비교하며 길이와 단위를 익히게 했다. 슈퍼에 가서 좋아하는 군것질거리의 물건값을 계산해 오라고 시키기도 했다. 나는 늘 '오늘의 미션'을 제시했고 아이들은 '미션'을 수행하러 뛰어다녔다.

"자, 오늘은 어림잡아 20㎝ 이상의 나뭇가지를 찾아오기로 하자."

아이들은 신발을 신으며 벌써 저만치 뛰어나간다. 자연에서 이것저것 손가락을 벌려 길이를 재어보며 물건을 찾느라 신이 났다. 가져온 물건을 늘어놓고 20㎝에 가장 근사치를 가져온 아이가 승리하는 게임이었다.

어느 날은 종이를 주고 상자를 만들어 보라고 했다. 종이는 수도 없이 구겨져 버려졌고 아이들은 다시 만들기를 반복했다. 상자를 만드는 방법은 알려주지 않았다. 스스로 알아내고 느리게 나아가게 하기 위해서였다. 답을 맞히려고 애쓰는 모습이 공부의 시작이길 바라지 않았다.

수학 문제도 자세히 읽고 이해하면 스스로 풀 수 있다고 판단해 수학을 좋아하는 아이끼리 팀을 짜서 의논하도록 했다. 아이들은 머리를 맞대고 고민하다가 한 아이가 해결 실마리를 발견하면 다른 아이들에게 설명하고 함께 문제를 풀었다.

가끔 나에게 질문하면 "잘 몰라!"라고 답하고 도와주지 않았다. 그러면 아이들은 "야, 선생님도 모르신대. 우리가 해결 해야 해!"라며 문제 해결 의지를 더 불태웠다. 그렇게 1학년 때부터 3학년 때까지 푼 수학 문제집만 수십 권이었다.

저학년 수학은 '문제 이해'가 '문제 해결'의 출발점이다. '문해력'이 중요하다. 국어 실력이 달리면 수학 문제를 잘 풀 수 없다. 수학에서 새 단어가 나오면 아이들에게 되물었고, 아이들 입에서 그 단어가 다시 나오게 했다. 지문을 함께 읽은 뒤 내가 잘 모르는 척하는 개념을 아이들이 나에게 설명해주고 가르치게 했다. '선분'이라는 단어가 나왔을 때 나는 선분의 개념을 설명해주지 않았다. 대신 "선분이 뭐야?"라고 물었다. 아이들이 책을 보고 나름대로 터득해 나에게 설명해주게 했다.

대부분 엄마는 아이가 공부를 안 하면 이끌어주길 원했지만, 나는 정중히 거절했다. 아이 마음에서 우러나와서 하는 공부가 아니면, 그건 아이에게는 '고문'임을 알기 때문이다. 그런 경우 아이가 스스로 의지로 연필을 잡을 때까지 기다리고 또 기다렸다. 나는 절대 아이 손에 연필을 쥐여주지 않는다. '오늘 무엇을 가르쳐야지'라는 생각은 하지 않았다. 가르치지도 않았다. 아이들은 스스로 무엇인가를 배워나갔다.

나는 수업 시간에 '아이의 권리가 지켜지고 있는가. 아이의 행복이 보장되고 있는가. 마음 상하는 아이가 없는가'를 신경 썼다. 또 다음과 같은 부분에 관심을 기울였다. '아이들이 무엇을 배우고 싶어 하는가.' '나는 그들의 마음을 읽고 소통하고 있는가.' '아이가 아이다운가.' '그들의 웃음이 짓밟히지는 않는가.'

아이들에게 문제만 던지고 가르치지도 않았지만, 성과는 매우 만족스러웠다. 아이들은 수학경시대회에 나가 대부분 입상했다. 장난꾸러기로 소문나고 공부와는 담쌓은 민준이가 받아쓰기를 100점 맞아오기도 했다. 학교 주제 발표 시간에 몇몇 아이들의 발표력이 남달라 담임 교사를 놀라게 하기도 했다. 아이들 발표 영상은 학급 밴드에 올라갔고 그 영상을 본 다른 엄마들은 그 아이들이 다니는 명문 학원이 어딜까 궁금해하기 시작했다.

아지트는 의도치 않았음에도 엘리트 학원으로 소문이 나 나는 한동안 어리둥절했다. 아이들이 '놀면서 공부(?)'하러 헐레벌떡 뛰어오는 아지트는 검색도 안 되고 간판도 없어서 엄마들은 더욱 궁금해했다.

어느 날 도겸이 아버지에게서 연락이 왔다. 저녁을 사고 싶다고 했다. 도겸이는 '글쓰기 수업'을 듣는 아이였다. 도겸이와 도겸이 부모, 나와 내 아이 이렇게 다섯이 만났다. 도겸이는 영어유치원을 나와 대치동에서 수학을, 정자동에서 영어를 배우고 있었다. 소위 엘리트 코스를 밟는 아이였다. 도겸이 부모는 둘 다 S대 출신으로 교육열이 대단했다. 도겸이 아빠가 허리 굽혀 인사를 했다.

"선생님, 어떻게 도겸이가 공부에 흥미를 갖고 스스로 할 수 있게 만드셨습니까?"

"저희가 국내 유명 학원을 다 다녀봤는데, 대부분 학원이 아이 학습 결과물에 선생님이 손을 댄 흔적이 있었어요. 그런데 요즘은 딱 제 아이의 결과물 그대로더라고요."

평소 무뚝뚝한 편인 도겸이 엄마도 거들었다. 나는 이렇게 답했다.

"도겸이는 기본적으로 뛰어난 아이예요. 제게 와주는 것만도 영광이지요. 저는 뭐 별로 하는 게 없어요."

도겸이는 글쓰기 수업을 들었다. 그 클래스에서 나는 개요짜기나 글 구성법을 가르치지 않았다. 아지트를 카페처럼 꾸미고 아이들이 좋아하는 잔잔한 음악을 틀어 글을 쓸 기분이 나게 분위기를 꾸며준 것밖에 없었다. 나는 소파에 앉아 아이들이 질문하면 답해주고, 농담하면 받아주는 말동무가 돼주었다. 그게 전부였다.

"도겸이가 선생님 수업을 너무 좋아해요."

"저는 그냥 옆에 있어 줄 뿐입니다. 저한테 오지 않고 집에서 글을 써도 돼요."

"집에서는 안 써요. 선생님께 가서 써야 잘 써진대요. 왜 그렇죠?"

"아마도 제가 도겸이 이야기를 잘 들어주기 때문일 거예요."
"저는 자신 없어요! 그냥 선생님에게 보내는 게 나을 것 같아요. 그런데 글 쓰는 테크닉은 언제 배우나요?"
"아이가 10살이니까 지금은 그대로 즐기도록 두고요. 고등학생이 되어 필요한 목적에 따라 다듬으면 될 것 같아요. 지금은 너무 어려요."

도겸이는 영어를 한글과 동시에 배웠다. 처음 만났을 때 도겸이의 한글 글씨는 알아볼 수가 없었다. 문장도 뒤죽박죽이어서 이해하기가 힘들었다. 그래도 글을 또 쓰고 싶은 생각이 들게 격려했다. 문장을 고쳐주지는 않았다. 도겸이가 쓴 글을 보고 무슨 뜻이냐고 물어보면 정말 열심히 설명했다. 가끔은 그 말도 알아듣기 힘들었지만, 고개를 끄덕이며 이해하려고 했다.

아이들의 글쓰기는 첨삭지도를 해준다고 해서 글쓰기 능력이 금세 나아지기는 힘들다. 그보다는 글을 또 쓰고 싶은 마음이 들게 이끌어주어야 한다. 우선 당장 성과를 기대해서는 안 된다.

교사와 부모의 역할은 기다림이다. 초등학교 때 교사가 글쓰기에 지나치게 개입하면 아이들은 중학교에 들어가면서 글쓰기를 그만둔다. '지적'에 지쳐 글쓰기에 흥미를 잃어버리기 때문이다.

글을 쓰다 보면, 담고 싶은 내용이 생기고, 그걸 찾으려 책을 읽게 된다. 독서를 하면서 글 쓸 거리를 궁리하게 된다. 토론할 때도 자료를 책에서 찾는다. 자연스럽게 스스로 찾아 읽고 그걸 바탕으로 글 쓰고, 토론하는 습관이 몸에 밴다. 자기 주도적으로 독서, 토론, 글쓰기 활동을 할 수 있는 아이로 성장하게 된다.

03

아이의 관심 분야를 확인하고 책을 고르다

아이들에게 어린이신문을 주고 마음에 드는 기사 하나만 가위로 오리게 했다. 아이들은 신문을 요리조리 돌려가며 두께, 냄새, 크기 등을 살폈다. 신문을 머리에 뒤집어 써보기도 했다. 그러면서 신문의 제목, 굵은 글씨체로 된 머리기사와 사진을 보며 무엇을 오릴까, 생각했다.

어른들은 무언가 시킨 뒤 아이들이 '딴짓'을 하면 조바심 내고 나무란다. 아이들에게 대부분의 일은 새로운 경험이어서 항상 탐색 시간이 필요하다. 반응이 더디더라도 나무라지 말아야 한다. 어른들은 그런 아이의 특성을 이해하지 못한다. 나 역시 어른으로서 한계가 있었지만, 아이들이 오릴 때까지 느긋하게 지켜보려고 애썼다.

"여기서 화석도 나왔대." 지아가 신문을 보며 말했다.

"어디? 어디?" 린아가 관심을 보이자 지아가 기사를 읽어줬다.

"여기 베트남 사진 있다. 나 엄마 아빠랑 베트남 가봤는데……" 현민이였다.

"여기 북극곰 사진도 있어. 그런데 환경이랑 무슨 상관이지?" 미진이가 고개를 갸웃거렸다.

"북극 얼음 녹는 거 아냐?" 지아가 되물었다.

"BTS다!" 린아가 큰소리로 외쳤다.

"여기 퀴즈도 있어." 현민이가 눈을 반짝였다.

아이들은 신문에 아는 내용이 나오면 환호했고, 연관된 개인적 경험을 한참 이야기했다. 함께 아는 기사 내용이면 맞장구를 치기도 했다. 요즘 일어나는 일과 TV 뉴스에서 얼핏 들었던 내용이 신문에 나오는 걸 신기해했다. 너무 어려운 기사는 지나갔다.

여러 아이가 같은 기사를 좋아해서 고르기도 했다. 누군가는 양보하고 다른 기사를 골라야 했다. 좋아하는 기사가 앞뒷면에 인쇄돼 한쪽을 오리면 반대쪽이 잘려 나가기도 했다. 내용뿐 아니라 편집 위치에 따라 좋아하는 기사를 새로 골라야 할 때도 있었다. 아이들은 상의해서 스스로 조정해 기사를 선택했다. 번거로웠지만, 재미있어했다. 다툼은 없었다.

신문에서 자신이 고른 기사를 오려 내는 가위질은 생각보다 어려웠지만, 삐뚤삐뚤해도 각자의 힘으로 해결했다. 그걸 도화지에 풀로 붙이고 사인펜으로 기사 제목을 썼다. 어떤 아이는 옆에 조그맣게 그림을 그려 넣기도 했다. 기사 주변을 색연필로 조금 더 꾸미거나 스티커를 붙이기도 했다.

다음은 '방송기자 놀이.' 아이들이 골라 꾸민 기사를 소리 내어 읽게 하고, 나는 그 모습을 동영상으로 촬영해 주었다. 촬영에 앞서 나는 아이들을 "주 기자님!"처럼 존칭을 써서 부른 뒤, 인사부터 하고 바른 자세로 읽어달라고 주문했다.

어린이신문 기사였지만, 이제까지 접해 본 적 없는 어려운 단어가 가득했다. 아이들은 무슨 뜻인지 몰라도 소리 내어 열심히 읽었다. 기사 낭독 모습을 몇 차례 반복해 동영상으로 찍었다. 아이들은 다음번 촬영 때는 틀리지 않으려고 각자 소리 낮춰 서너 번씩 읽으며 연습했.

그렇게 찍은 동영상을 큰 화면으로 보여주었다. 아이들은 어색하고 뻣뻣한 자신과 친구들의 모습에 낄낄거렸다. 누군가가 재채기하는 소리가 담긴 영상이 나오자 모두 웃음을 터뜨렸다. 나 역시 즐겼다.

동영상을 다 본 뒤, 아이들은 고쳐야 할 점들을 스스로 찾아냈다.

"다음 발표할 때는 소리 내지 말자" "저럴 때 나는 손을 어떻게 하는 게 좋을까?" "너 읽다가 코 후볐어!" "종이를 너무 높게 드니 얼굴이 안 보였어."

나는 "다음에는 종이를 낮게 들어라!"라고 지시하거나 훈계하지 않았다. "미영이 얼굴이 어디 갔지?"라면서 함께 웃었다.

동영상을 본 엄마들은 "아이들이 알지도 못하는 어려운 단어를 읽는 거 아닌가요?"라며 걱정했다. 내 대답은 "아기들에게 처음 말을 가르칠 때 아는 말만 해주나요?"였다. 아이들은 어렵다고 한 적이 없었다.

나는 신문 기사는 어휘가 풍부해서 최고의 독해 공부자료라고 생각한다. 아이들은 처음에는 잘 모르는 단어가 섞인 신문 기사를 읽는 게 어설펐다. 몇 차례 읽은 뒤에는 한결 자연스러웠다. 소리 내어 읽으며 문맥을 파악하고 조금씩 뜻을 이해했기 때문이다.

조금 어려운 단어가 나오면 한자 뜻풀이를 해주었다. 그리고 한자는 꼭 그려(?)보게 했다. 의외로 아이들은 한자 쓰기를 거부하지 않았다. 한자를 마치 미로찾기, 그림그리기와 비슷하게 여기는 듯했다. 붓펜으로도 한자를 써보게 했다. 아이들은 필기구에 따라 글씨체가 달라지는 걸 흥미로워했다. 굵은 색연필로 한자를 쓴 후 입체로 보이도록 그림자를 넣어보게도 했다.

이 '한자그리기' 덕분인지는 확인하지 못했지만, 많은 아이가 초등학교 1학년을 마칠 무렵 한자 급수 시험에 나가 5, 6급 정도를 받아왔다. 대단한 성과는 아니지만, 아이들이 한자에 거부감을 느끼지 않도록 하는 데에는 상당한 도움이 됐다.

많은 한자를 가르치기보다 자주 접하게 하려 애썼다. 자기 이름의 한자 뜻을 제대로 익혀 잊지 않도록 했다. 온라인 한자게임과 한자를 다룬 만화책도 활용했다.

몸을 움직여 한자를 익히는 놀이도 했다. 예를 들어 한 아이가 나무 목(木)을 외치며 두 팔을 뻗어 무술 자세를 취하면 상대방은 불 화(火)로 공격하고, 다시 물 수(水)로 맞서면 얼음 빙(氷)으로 받아내는 놀이를 했다. 다음 단어로 방어 또는 공격하지 못하면 지는 게임이다.

'방송기자 놀이'는 독서의 기본기를 닦으려고 시도했다. 소리 내어 읽는 훈련이다. 책뿐 아니라 신문, 잡지도 독서 훈련하기에 훌륭한 교재다. 읽기와 놀이를 접목하면 책 읽기를 싫어하는 아이들도 독서 습관을 쉽게 들일 수 있다. 아이가 좋아하는 영역의 활동을 허용한 후 관련된 책이나 신문, 잡지를 조금씩 읽게 하다가 독서량을 늘려가면 효과적이다. 과학과 관련된 놀이 활동을 한 뒤 과학책을 읽게 하는 식이다.

물을 두려워하는 아이에게 수영을 가르치는 방법과 같다. 물이 무서워 수영장에 뛰어들지 못하는 아이에게는 물장구치며 물과 친해질 시간을 충분히 주어야 한다. 책도 마찬가지다. 먼저 책과 익숙해질 수 있게 해줘야 한다. 특히 아이들은 그런 과정을 거칠 필요가 있다.

나는 무작정 지정 도서를 권하지 않는다. 아이들에게 책 읽기 수업을 하기 전에 먼저 아이들이 책을 대하는 태도부터 관찰해야 한다. 아이가 어떤 책을 집어 들고 얼마만큼 읽어낼 수 있는지, 어떤 방법으로 시작해야 책과 친해질 수 있는지 살펴야 한다.

아이들은 성향과 취향이 제각기 다르다. '초등학교 저학년 시기에는 역사책을 읽어야 해!' '이 시기에는 위인전을 읽어야 해!' 이렇게 단정적으로 생각하기보다는 서점에 가서 책을 구경하며 아이가 집어 든 책에 부모가 관심을 두는 게 중요하다. 책 표지만 들추며 돌아다녀도 괜찮다.

아이들은 서로 다른 악기와 같다. 바이올린 소리를 내는 아이도 있고 심벌즈 소리를 내는 아이도 있다. 지휘하는 아이도 있고 북을 치는 아이도 있다. 처음 악기를 배우는 사람이 내는 소리처럼 아이들은 삑삑대며 각자의 소리를 낼 것이다. 그 소리가 다듬어지길 기다려야 한다. 아이들이 가진 악기를 바꿀 수는 없다. 기다리면 결국 자신의 진짜 소리를 찾아낼 것이다. 그리고 각자의 소리를 내며 타인의 소리도 경청할 것이다. 아이들은 경험치만큼 책 선택의 폭이 넓어진다. 본 것, 들은 것, 만져본 것대로 그 경험을 책에서 찾는다.

신문은 다양한 카테고리의 기사가 실려있어 선호하는 기사를 읽더라도 접해보지 않은 분야의 기사에도 눈길이 가게 되어 있다. 신문을 읽으며 관심 분야를 확인하고 어떤 책을 고를지 함께 아이와 이야기해보는 것도 좋다. 자, 이제 아이들이 직접 책을 고르도록 동네 서점으로 나들이를 가보자.

04
독서는 호기심을 충족하려는 자기 주도적 활동이다

프랑스 파리의 르디반페르쉐(le divan perché)라는 어린이 서점은 매주 토요일 오전 10시 30분부터 3~6살 유아들에게 책 읽어주는 시간을 운영하고 있다. 또래 아이끼리 만날 수 있어 인기다. 초등학생들을 위한 낭독 모임도 있다. 푹신한 소파에 앉아 이야기를 나누는 부모의 시간도 있다. 서점은 고객인 주민을 위해 다양한 프로그램을 운영한다. 서점에서 독서, 모임, 낭독, 대화, 토론, 놀이가 한꺼번에 이뤄진다. 서점 주인이 핼러윈 때는 유령 가면을 쓰고 고객에게 웃음을 주기도 한다.

서점은 무조건 조용히 해야 하는 장소로 여기지 않는다. 정해진 시간에는 얼마든지 떠들고, 웃고, 놀 수 있는 곳이라고 생각하고 활용한다. 동네 사람들은 매주 같은 서점에 가도 지루한 줄 모른다.

프랑스 서점에서는 다양한 성향의 아이들이 모인다. 어떤 아이는 책을 읽고, 어떤 아이는 마냥 돌아다니기만 하고, 어떤 아이는 이런 책 저런 책을 구경한다. 물론 떠드는 아이도 있다. 성향은 다르지만 한 공간, 서점에서 서로 어울린다.

한국은 같은 성향의 아이들끼리 어울리는 경향이 있다. 부모들이 그렇게 묶으려 한다. 일례로 책을 안 읽는 아이와 어울리면 자기 아이가 물든다고 생각한다. '다름'을 거부하는 태도다. 프랑스 아이들은 자기가 몇 권을 읽었다고 자랑하지 않고, 다른 아이들과 독서량을 비교하지도 않는다. 모두 다를 수밖에 없음을 인정하기 때문이다.

어느 날 아지트에 아스퍼거 증후군으로 치료받는 형준이라는 4학년 아이가 왔다. 들어오자마자 공부 중이던 아이들에게 "칼싸움을 하자"며 나뭇가지를 휘둘렀다. 아이들은 화들짝 놀라며 피하고선 수군댔다.

"쟤, 이상해!" "무서워!"

형준이는 아이들이 차갑게 반응하자 속이 상해 씩씩거리며 책상에 엎드려 울었다.

"형준아, 속상하니?"

"애들이 저 보고 바보라고 했어요." 형준이는 계속 울먹였다.

"누가 바보라고 했는데?"

"애들이 다요."

옆에 있던 아이들이 이구동성 외쳤다.

"바보라고 안 했어요."

"바보라고 했잖아!" 형준이가 소리쳤다.

"정말 바보라고 안 했니?" 아이들에게 물었다.

"제가 조그맣게 말했지만, 직접 앞에서 얘기한 건 아니에요." 현주가 마지못해 자백했다.

"그래도 형준이가 들었으니 일단 사과하는 게 좋겠다."

"미안해!" 현주가 볼멘소리로 사과했다.

형준이는 대답은 안 했지만 받아들이는 뜻으로 현주를 바라보았다.

"형준아, 그런데 아이들에게 나뭇가지를 왜 휘둘렀어?" 나는 다시 물었다.

"칼싸움하려고요."

"아이들이 무서워하잖아."

"진짜 칼 아닌데요."

"그런데 어떤 놀이를 하고 싶으면 서로 합의가 되어야 해. 형준이가 친구들에게 '칼싸움 놀이를 할 거냐?'라고 묻고 아이들이 '좋아! 같이 하자!'고 동의할 때만 칼싸움 놀이를 할 수 있는 거야!"

형준이가 조금 마음이 가라앉은 듯 내 말에 귀를 기울였다.

"선생님, 저는 학교 끝나고 놀아야 하는데 엄마가 또 공부하는 데 가라고 해서 오는 거예요."

"그럼 형준이 어머니께 말씀드려 줄까? 학교 끝나고 놀게 해달라고?"

"아뇨. 그건 안 돼요."

"왜?"

"어차피 여기 끊으면 또 다른 데 보내요. 그리고 집에 혼자 있으면 심심해요."

"형준이가 하고 싶은 건 뭐야?"

"전 그냥 아무것도 안 하고 싶어요."

"그래, 그것도 좋네. 그럼 정해진 시간까지 아무것도 하지 말고 있다가 가!"

"정말 그래도 돼요?"

"형준이가 원하면 그렇게 해." 나는 미소 지으며 부드럽게 허락해주었다.

아이들이 공부하는 사이에서 형준이는 플라스틱 장난감을 만지작거리기도 하고 아이들을 쳐다보기도 하며 50분을 보냈다.

나는 문제집 한 권을 슬그머니 형준이 앞에 밀어두고 "풀고 싶으면 풀고, 싫으면 그냥 집에 가도 좋다"고 말했다.

  2달쯤 지나자 형준이는 웬일로 문제집을 쓰윽 펼치더니 공부를 하기 시작했다. 못 본 척했다. 생각보다 글씨체가 참 예쁘길래 칭찬해주었다.
  형준이는 50분 동안 조용히 공부한 뒤 아이들에게 이렇게 제안했다. "내가 새로 생각해 낸 놀이가 있는데 우리 놀이터에서 한번 해볼래?" "그래, 좋아." 아이들도 이구동성 외쳤다.

  어떤 아이들은 상식적으로 통용되는 지시를 빨리 받아들인다. (흔히 이런 아이들을 모범생이라고 부른다.) 실랑이해야 하는 아이들도 있다.
  줄다리기에 비유하자면, 나는 팽팽한 줄다리기를 하지 않는 걸 원칙으로 삼고 있다. 느슨한 실랑이를 선호한다. 일정한 거리를 두고 기다리려 한다. 아이의 속도가 있을 테니까. 앞으로도 아이마다 '다른' 속도를 지켜보며 느긋하게 기다리려 한다.
  한국 사회가 빠름을 중시하는 역사적, 문화적 배경도 이해한다. 또 경쟁사회에서 살아가야 할 아이들이 생존력을 갖추게 하려고 다그친다는 사실도 알고 있다. 하지만 빨리하는 것과 잘하는 것은 다르다. 우리는 그걸 제대로 구분하지 못할 때가 있다. 마찬가지로 느리고, 더딘 아이는 무엇인가를 못 하는 아이가 아니다. 다른 방식으로 가고 있는 아이임을 이해해야 한다.

 형준이처럼 타인의 감정을 이해하는 게 어려운 아이는 읽는 책도 달라야 한다. 복잡한 소설보다는 등장인물 간 관계가 조금 더 명확히 드러나는 유아기 동화책을 읽어주고, 기분을 직접적으로 묻는 대화를 많이 하는 게 좋다. 나는 매시간 형준이가 기분이 어떤지 챙기고 그런 기분일 때 무엇을 하고 싶은지 묻는다. 아이 스스로 할 일을 정하도록 돕기 위해서다.

 그리고 형준이 말을 글로 옮겨주고 읽게 한다. 아이의 생각이 종이 위에 옮겨지는 과정을 보여준다. 어떤 아이는 이 과정이 필요하고, 어떤 아이는 자기가 쓱쓱 잘 쓰기도 한다. 아이들은 조급하지 않다. 부모만 마음이 급하다.

 프랑스 부모는 아이를 키울 때 아이를 기준으로 판단한다. 옆집 아이와 비교하지 않는다. 그보다는 아이가 지닌 고유한 특성을 인정하고 사랑한다.

 그들은 "너만의 색깔을 가졌구나!" "너만의 아름다움을 가졌구나!" "너는 독특하고 유일하구나!"라는 말을 칭찬의 언어로 사용한다.

 우리는 "왜 너만 그래?" "너만 다르구나!" "왜 특이한 짓을 해?" "독특하구나!"라는 말을 비난의 언어로 쓴다.

한국은 동질성을 중요하게 여기는 문화다. 유럽은 다민족 국가인데다 이동이 잦아 '다름'을 인정해야 하는 문화가 오랜 기간에 걸쳐 형성됐다. 그들이 '다름'을 인정하지 않았다면 평화는 없었다.

한국은 하나로 똘똘 뭉쳐서 생존해왔다. 그래서 단결력, 결속력만큼은 세계 최강이라고 할 수 있다. 그러나 이는 획일화라는 폐단을 낳았다. 다른 아이들을 좇아 같은 학원에 가고, 같은 책을 읽게 되었다. 심지어 독후감마저 비슷하다. 어쩌다가 이 지경에 이르렀는지……

다름을 인정한다고 해서 프랑스가 독서를 안 하는 아이를 방치하지는 않는다. 프랑스의 논술형 대입 자격시험인 바칼로레아(Baccalauréat)는 문제당 3페이지 정도의 답을 써야 한다. 독서로 일정 수준의 지식을 축적하지 않으면 답을 쓰기가 불가능하다. 또한 전 세계에서 유일하게 대입 시험에 철학 서술형 문제를 낼 정도로 생각하는 힘을 중요하게 여긴다.

프랑스에서는 책을 읽지 않고, 생각을 숙성하지 않고서는 대학 입학시험을 치를 수 없다. 그렇다고 누군가가 선정한 지정 도서를 읽지는 않는다. 그들은 자신이 원하는 책을 읽고 나름대로 생각의 폭을 넓힌다. 그들은 '나'를 중심으로 책 읽기를 한다. 내가 선택한 책을 나를 위해 읽는 습관을 들인다. 그렇게 시작하면 평생 책을 손에서 놓지 않게 된다. 그들은 소설을 즐기고 고전을 탐독하며 그것을 바탕으로 토론한다.

교육전문가들은 하나같이 '인터넷 검색으로 정보는 누구나 손쉽게 얻을 수 있습니다', '기업은 잘 외우는 사람보다는 창의적인 인재를 원합니다'라고 말한다. 누구나 어릴 때는 창의적이다. 그러나 크면서 일부는 창의성을 잃어버리고 일부는 창의성을 유지하는데, 독서가 큰 몫을 한다. 독서는 내 호기심을 충족시키겠다는 자기 주도적 활동이다. 거기에 독서의 진정한 가치가 담겨 있다.

05

외우지 않고
생각하는 독서를 한다

휴대폰에 낯선 번호가 떴다.

"안녕하세요? 아인이 엄마 소개로 전화드렸어요. 저희 아이가 초등학교 3학년인데요. 논술을 시작해야 할 것 같아서요. 커리큘럼이 어떻게 되나요?"

"커리큘럼에 아이를 맞추지 않고 아이를 따라가는 수업이라서 말씀드리기가 어렵네요. 수업 내용은 밴드에 모두 올려요. 궁금하시면 찾아보실 수 있어요."

"1회 체험 수업을 해봐도 되나요?"

"제가 아이를 파악하는 데 두세 달이 걸려서…… 그 정도 시간은 주셔야…… 1회만으로는 아이를 알 수 없다는 점을 이해해 주세요."

"우리 아이가 초등학교 3학년인데 이제 논술을 시작할 때죠?"
"논술은 시작 시기가 정해져 있지 않아요."
"교재는 무엇을 쓰나요?"
"아이가 학습에 흥미가 없으면 그림을 그릴 수도 있고, 만들기를 할 수도 있고, 글을 쓸 수도 있고, 교재 또한 학년이 아니라 학습 수준과 성향에 따라 달라요."

"몇 명이 모여야 개설해 주시나요?"
"아이에 따라 1대1 수업을 할 수도 있고 3명 또는 6명이 함께 수업을 할 수도 있어요."
"네? 그럼 저희 아이가 1대1이면 이익인 거죠?"
"혼자 공부하는 게 더 맞으면 좋을 수도 있고 여럿이 공부하는 걸 더 좋아하는 아이면 여러 명이 있는 반에 들어가는 것이 좋아요."

"레벨테스트가 있나요?"
"아이 레벨테스트는 없고 엄마 면접을 봐요."
"네? 저요?"

"네, 엄마가 어떤 생각을 하고 있는지, 무엇을 원하는지, 그 생각이 저랑 맞는지 서로 알아봐야죠. 아이는 상관없어요. 제가 아이에게 맞춰서 진행해요. 하지만 엄마에게는 맞출 수 없어서 아이 엄마와 제가 맞지 않으면 소용이 없어요. 엄마와 아이가 원하는 게 같으면 다행이고 다르면 저는 엄마 편을 들 수가 없어요."

"저는 그냥 아이가 즐겁게 다니면 되거든요."

"좋아요. 하지만 그냥 놀러 오는 곳은 아니에요. 어느 정도 규율 내에서 수업을 자유롭게 해요. 그리고 공부하는 곳이라는 사실도 아이에게 미리 알려 주세요."

"네. 아이는 다니겠다고 하더라고요. 수업은 아이 성향에 따라 다르게 진행한다는 거죠?"

"네. 또한 아이가 국내 대학에 진학할지 유학 갈지에 따라서도 수업 내용이 좀 달라요."

나는 가끔 소개로 아이를 보내고 싶어 하는 학부모의 문의 전화에 여느 학원처럼 명확하게 답하지 못해 미안할 때가 있다. 보통 학원은 연간 커리큘럼이 있고 그에 맞춰 가르친다. 다소 차이가 있지만, 학원들의 커리큘럼은 심하게 말하면 '획일적'이다. 입시까지 정해진 시간과 진도가 있기 때문이다.

정해진 목표가 있고, 마음은 급하고, 아이들을 끌고 가야 하는 부담감이 만만찮다. 그래서일까. 사교육 종사자들 모임에 가면 선생님들은 숙제를 안 하거나 공부를 못하는 아이들 때문에 "속 터진다"라는 말을 쉼 없이 한다. 공부 잘하고 말 잘 듣는 아이와는 '다른' 아이들이 불편하다는 뜻이다. "속 터진다"라는 표현에는 그 아이의 '다름'을 용인하지 않고, 배척하거나 멸시하는 뉘앙스가 담겼다.

문의 전화에 대한 나의 애매한 대답을 프랑스어로는 한마디로 표현할 수 있다. 바로 사데뻥(Ça dépend 그때그때 다르다)이다.

예를 들어 "커피를 좋아하나요?"라고 물어보면 "사데뻥"이라고 대답한다. 커피를 좋아하는 날도 있고 안 좋아하는 날도 있다는 뜻이다. "자녀가 책을 즐겨 읽나요?"라고 물어보면 "사데뻥"이라고 대답한다. "어떤 날은 잘 읽고 어떤 날은 안 읽는다"라는 의미다.

또 정보를 좀 더 명확히 해야 할 필요가 있을 때는 엉제네할(en général 일반적으로)이라는 말을 덧붙인다. 즉, 선생님이 아이에게 "미쉘, 미술을 좋아하니?"라고 물었을 때 "일반적으로 좋아해요"라고 대답한다. 이 말에는 대부분 좋아하지만 안 좋아하는 날도 있다는 뜻이 포함돼 있다.

그리고 그들은 매사에 좋아하는지 좋아하지 않는지 묻는다. 치즈를 먹어도 이 치즈를 좋아하는지, 와인을 마셔도 이 와인을 좋아하는지, 옷 색깔이며, 음악, 날씨 등에 대해 좋아하는지 묻는다.

대부분 부모와 자식 간에도 "이 옷을 입어라!"가 아니라 "이 바지를 좋아하니?"라고 묻는다. 아이는 "아뇨. 나는 갈색을 좋아해요. 파란 바지보다 갈색 바지를 입을래요!"라고 답한다. 좋아하는지 물으면 자신의 의견을 말할 수 있는 여지가 있다. 그러나 아이의 선택에는 한계가 있고 그 한계 안에서 이루어진다. 선택은 할 수 있지만, 규범에서 어긋난 행동은 엄하게 훈육한다.

사데뺑과 엉제네할은 문화가 만들어낸 언어 관습인데 이는 똘레랑스를 이해하는 데 필요한 키워드다. 똘레랑스는 '다름'을 받아들인다는 프랑스 특유의 정서로 독서에서 토론으로 가는 데 방향키 역할을 한다. 토론하면 서로 다른 의견이 쏟아져 나온다. 이때 '다른 생각'을 적대시하면 토론이 불편해진다.

한 미술 작가가 플라스틱 빨대로 커다란 씨앗을 만들어 전시했다. 작가는 빨대가 생명을 잉태했다고 했지만 한 관람객은 너무 많은 빨대를 사용해 환경을 파괴하는 듯 느껴져서 반대의 감정을 느꼈다고 했다. 작가에 대한 공격은 아니다. 다른 생각이다. 각자 느끼는 대로 생각하면 된다. 이 작품을 가지고 프랑스와 한국, 두 나라가 문제를 낸다면 어떻게 다르게 낼지는 상상이 간다. 토론은 합일점을 찾으려고 하는 것이 아니다. 여러 생각을 들어보며 사고를 확장하려고 한다.

하루는 민재가 "선생님, 저는 그림을 못 그려서 미술 시간이 싫어요"

라고 말하길래 "그림을 잘 그리고 못 그리는 기준이 뭐라고 생각해?"라고 물었다. 민재는 잠시 생각하더니 "음…… 어떤 아이는 사진처럼 잘 그려요"라고 답했다.

나는 칸딘스키(Kandinsky)와 피카소(Picasso)의 그림을 보여 주며 "왜 사람들은 이 그림을 잘 그렸다고 생각할까?"라고 질문했다.

민재는 고개를 갸우뚱거렸다.

"그러게요. 저도 이유를 모르겠어요."

"예술은 자기 생각, 느낌의 표현이야. 페인트칠은 잘 칠했다, 못 칠했다가 있지만 그림은 그렇게 평가할 수가 없는 거야."

프랑스에서는 '멋있게', '있는 그대로' 그려서는 박수받지 못한다. '무엇'을 '왜' 그렸는지를 중요하게 여긴다. 다른 과목들도 학습 내용을 잘 외웠는지가 아니라 '왜, 어떻게 생각했는가?'를 평가한다. 아이들은 끊임없이 '생각 훈련'을 한다. 생각이 서로 다를 수밖에 없음을 깨닫고 인정하게 된다. 모든 수업은 서로 생각이 다름을 확인하는 장이다. 그 과정을 통해 다름을 스스로 깨치며 배워나간다. 그렇게 똘레랑스가 그들의 정서로 스민다.

한국에선 문학 작품의 배경, 인물의 성격, 줄거리, 관점 등으로 작품을 잘 이해했는지 평가하기 때문에 모두가 같은 내용을 배우고 암기한다. 중학생 논술 필독서 뒤에는 아예 마인드맵, 생각할 요소, 독후활동 등의 요약본이 붙어 있다. 아이들은 원본을 읽는 대신 요약본을 외운다.

한국에서 똘레랑스는 좋은 성적을 얻는 데 불편한 정서로 작용한다. 그러나 프랑스는 평가할 때 특정 문학 작품을 어떻게 '생각'하는지 묻는다. 이런 시험에서는 답이 같을 수도 없고 달라야 한다.

프랑스 아이들은 아이마다 읽는 책의 종류가 다르다. 부모의 직업, 사는 환경, 서점에 비치된 책 종류에 따라 영향을 받는다. 어른들도 개인 취향에 따라 누구는 미술 관련 책, 누구는 역사책을 읽는다. 그래서 몇 명이 모여도 읽은 책이 겹치는 경우가 별로 없다. 한국은 어느 서점에나 붙어 있는 '인기 도서 목록'을 보고, "요즘 뭘 읽는대"라는 소문에 따라 책을 고르지 않는가. 남이 읽었다는 책을 읽지 않았을 때 괜히 뒤처지는 듯한 느낌이 들지 않는가.

획일적이고 다양성이 부족한 사회는 병들기 쉽다. 이제는 '다름', '다양성'의 가치를 인식해야 할 때이다. 독서에도 똘레랑스의 가치를 적용해야 한다. 필독 도서를 천편일률적 방식으로 읽고, 같은 느낌과 결론에 이르게 하는 독서교육은 우리 아이들의 미래에 독(毒)이다.

06
그냥 두었다

"선생님! 제가 퇴근하고 집에 오면요, 애 엄마가 책을 읽으라고 닦달해서 죽겠어요. 독서 꼭 해야 하나요?" 소연이 아버지가 와서 하소연했다.

"읽으면 좋지만, 안 읽어도 그만이에요." 내 답변에 소연이 아버지가 의아해했다.

"네? 다들 독서 하라고 하잖아요?"

"독서가 좋긴 하지만 괴로우면 안 해도 돼요."

"아니 그럼 공부는 어떻게 하나요?"

"소연이가 공부 잘하길 바라세요? 행복하길 원하세요?"

"그야 당연히 저는 행복한 아이죠. 그런데 소연이 엄마는 공부를 절대 포기하지 않을 거예요."

"소연이는 고분고분한 아이가 아니라서 어차피 엄마가 시키는 대로 하지 않을 거예요. 싸울 거예요. 아마도……"
"저는 놔두라고 하거든요. 그런데 소연이 엄마가 매일 애랑 싸웁니다. '책을 읽는다, 안 읽는다' 하면서……"
"소연이가 좋아하는 책을 읽도록 그냥 좀 두세요."
"걔는 오로지 만화책밖에 안 봐요. 책 읽으라고 하면 막 소리 지르고 다 집어 던져요. 애 엄마가 정신과 상담까지 받았다니까요. 애가 어디 이상한 거 아니냐고……"

"소연이는 정상인데 왜 자꾸 애 괴롭히세요?"
"발레도 애가 싫다는데 억지로 보내고 영어는 무조건 어릴 때 해야 한다고 학원 가까이 이사 가겠다고 해요."
"소연이가 제일 좋아하는 건 뭐예요?"
"캠핑이죠. 여자앤데도 산으로 막 뛰어다니는 거 좋아하고 물속에도 첨벙첨벙 뛰어들고……"
"아주 아이답네요. 캠핑 다니시면서 저녁에 아이랑 이야기도 하고, 자기 전에 책 한 권 읽어주면 좋겠네요."

"그런데 소연이가 학교에서 공부를 전혀 못 따라갑니다. 학교 선생님이 오죽하면 '애 공부 좀 시켜라!'라고 연락까지 했겠어요? 그래서 논술 가르치려고 이곳에 보내게 됐어요."

"제가 소연이 보니까 모국어가 아직 정착이 안 되었어요. 시간이 좀 더 지나야 해요."

"뱃속에서부터 영어만 들려줬더니 애가 영어는 좀 알아들어요."

"미국 대학으로 보내실 거예요?"

"그건 아니고요."

"부모님이 영어교육을 좋아하시는군요."

"영어야 필수 아닙니까? 우리야 영어를 글로만 배워 말 못 하지만, 얘네들 시대엔 영어도 말을 잘해야 하는 거 아닙니까?"

"이중언어구사자로 키우는 아이는 한 언어만 배우는 아이보다 처음에는 학습 속도가 좀 느려요. 그런데 한국에서 대학을 보내실 거면 영어를 모국어 기반 외국어로서 배워야 하고, 그냥 여러 언어를 하는 아이로 키우고 싶으시면 외국에서 좀 살다 오시면 돼요."

"직장 때문에 어디 나갈 수가 있어야지요. 원어민 선생님 있는 영어학원 다녀도 말 잘하던데요. 시간이 지나면 되겠지요?"

"네…… 기다려 보세요."

"아무튼 독서는 꼭 안 해도 되는 거지요? 저는 퇴근 후 쉬고 싶은데 독서 때문에 스트레스를 받아 미치겠어요."

"네. 잘못된 환경에서는 독서를 안 하는 게 나아요."

"규칙적으로 독서를 하면 좋다고 하잖아요. 그래서 저희가 매일 시간을 정해서 책을 읽기로 했거든요. 애 엄마가 독서 습관 들인다고요."

"독서 규칙은 아이와 의논해서 정해야 해요. 엄마의 통보가 아니라요. 소연이랑 다시 얘기해 보셔야겠어요. 놀이 시간이 부족하지 않은지도 살펴보시고요."

"암튼 선생님, 감사해요. 우리 소연이 잘 좀 부탁드려요."

아지트에 책 읽는 시간을 만들기로 했다. 책을 읽어도 좋고, 누워서 눈을 감고 있어도 좋고, 색종이를 접어도 되는 그런 시간이다. 천장엔 아이들이 상상의 나래를 펼칠 수 있게 커다란 하늘 사진 스티커를 붙였다. 아이들은 천장이 뚫렸다며 환호했다.

아지트에 린아 엄마가 책장을 기부했고, 초등학교를 졸업한 아이를 둔 이웃은 아이가 다 읽은 초등학생 대상의 책을 보내주었다. 부족한 책은 중고사이트에서 사기도 했다.

아지트에 있던 유치부 책은 동생들에게 물려 주고 초등부에 맞춰 책을 갖추었다. 아이들 키 높이에 맞춘 책장엔 읽을 만한 책을 꽂아 두고 누구나 자유롭게 읽을 수 있게 했다. 읽던 책은 빌려 갈 수도 있었다. 책을 기부하고 빌려 가는 과정에서 엄마들과 자연스럽게 아이들이 읽는 책 이야기를 나눌 수 있었다. 누가 어떤 책을 읽는지, 아이들이 좋아하는 책은 무엇인지, 소통할 수 있었다.

소연이는 아이들이 책을 읽을 때 늘 그림을 그렸다. 매번 올 때마다 5장쯤 그리고 나한테 와서 뭘 그렸는지 설명했다. 아무 말 하지 않고 들어주었다. "왜 넌 책은 안 읽고 그림만 그리니?"라고 묻지 않았다. 쉬게 해주고 싶어서였다. 소연이는 적응을 잘하지 못해 여러 학원을 거친 아이였다.

나는 소연이 부모님을 존경한다. 다른 부모들 같으면 "도대체 뭘 공부한 거냐?"라며 아이를 다그치고 그만두게 했을 수도 있었다. 실제로 부모가 기대한 만큼 성과를 올리지 못하면 아이를 아지트에 보내지 않기도 했다. 소연이 부모는 달랐다. 아이가 그림만 잔뜩 들고 집에 돌아가도 공부 이야기를 꺼내지 않았다. 소연이 부모님은 아이를 진정 사랑하는 길이 무엇인지 아는 분들이었다.

소연이는 처음에 한글도 잘 몰랐다. 글씨도 안 썼고 토론도 안 했다. 그런데 결석하지 않고 꾸준히 왔다. 문제집을 몇 장 풀기는 했지만, 나머지 시간에 끝없이 그림을 그렸다. 간혹 소연이 엄마가 "소연이가 다른 애들이랑은 좀 어울리나요?"라고 걱정스럽게 물었지만 "소연이 방식으로 잘 지내고 있어요"라고만 대답했다.

그러다 어느 날 신문 만들기를 하는데 소연이가 B4사이즈 종이 가득

글을 써냈다. 속으로 놀라기도 하고 기뻤지만 대단한 칭찬은 해주지 않았다. 그림을 그렸을 때와 똑같이 반응했다. "이번 작품이 마음에 드네. 나 줄 수 있어?"

 소연이는 독서 환경이 '위협적'이지 않다는 경험을 해봐야 하는 아이였다. 독서 환경에 간접 노출을 시켰다. 독서는 아이가 직접 책을 읽게 하는 방법도 있지만, 책을 즐기는 아이들 사이에서 편안한 시간을 보내게 하는 것도 독서를 경험하게 하는 한 방법이다. 책을 읽는 환경이 자신을 공격하지 않는다는 사실을 느껴 보는 일은 책에 경계심을 지닌 아이들 마음을 여는 데 중요하다. 책을 싫어하는 아이들은 책을 둘러싼 경험이 싫지, 책 자체를 싫어하지는 않기 때문이다.

 독서를 강요하는 어른의 무서운 표정을 본 경험은 아이를 위축시키고, 책 읽기에 부정적 느낌을 심어준다. 어린아이가 책을 읽으려면 만만찮은 인내심을 발휘해야 한다. 게임기와 온라인의 감각적 영상들의 유혹을 물리쳐야 한다. 책을 읽으려면 그 힘든 싸움을 이겨내야 한다. 어린아이로서는 쉽지 않은 일이다.

 어느 날 소연이가 아지트에 동생을 데려와도 되냐고 물었다. 10분 정도 방문하는 것은 괜찮다고 했다. 1주일 후 소연이는 작은 강아지 1마리를 안고 왔다. 아, 동생이…… 동생이라고 진지하게 말했던 소연이 얼굴이 떠올라 웃음이 살짝 났다. 소연이 엄마가 소연이를 데려다주며

"아이가 1주일 동안 아지트 언제 가냐고 매일 물었어요. 강아지 포포 데려올 생각에 기대가 컸나 봐요"라고 말했다. 아이들이 강아지에 몰려들었다. 소연이는 관심이 포포에게 쏠리자 기분이 좋아졌다. 그동안 한국말이 어색해 아이들과 소통하는 것을 꺼렸고 한글이 서툴러 위축되었던 마음이 다 풀리는 듯한 표정이었다. 10분쯤 강아지와 아이들이 어울리게 한 뒤 수업 후 다시 포포를 만나기로 하고 소연이 엄마께 데려가도록 부탁했다.

이중 언어교육을 받는 아이 중 상당수가 초등학교 1, 2학년 때 또래 사이에서 한국말이 서툴러 기를 펴지 못한다는 사실을 부모님들은 아는지 모르겠다. 소연이는 포포로 아이들과 소통의 길을 열어 다행이었다.

편안한 독서에 노출되고, 아이들과의 소통에 성공한 소연이는 10살이 되자 더 이상 책을 거부하지 않았다. 독후감도 1페이지 가득 써냈다. 학교 수업도 어려움 없이 잘 따라간다고 들었다.

독서는 분명 최고의 교육이다. 그렇다고 학교에, 학원에 종일 지친 아이에게 책을 읽으라고 다그쳐서는 안 된다. 부모가 아이에게 책을 읽으라고 강요하지 않고, 부모가 책 읽는 모습을 자주 보여 주어야 한다. 그 모습을 본 아이는 언젠가는 책을 읽는다.

그냥 좀 두자. 아이의 독서 습관을 만들고 싶으면 환경을 만들고 기다려야 한다. 독서 환경 조성이 부모가 할 일의 전부다.

07
프랑스 동네 책방은 다르다

"내가 뤼베롱(Luberon) 산 위에서 양떼들을 돌보던 그때부터, 나는 몇 주 내내 살아있는 사람이라곤 보지 못한 채 내 개 라브리(Labri) 그리고 내 양들과 함께 방목장에서 홀로 머물러 있었다."

스테파니(Stéphanie)가 알퐁스 도데(Alphonse Daudet)의 《별(Les étoiles)》을 프랑스어로 읽기 시작했다.

"나는 가끔 야……초, 약초들을 찾기 위해 그곳으로 지나가는 몽 드위…… 위르(Mont-de-l'Ure)의 음자…… 은자들과 때로는 피에몽(Piémont)에서 온 숯꾼들의 검은 얼굴들을 알아보곤 했다."

토마(Thomas)가 더듬더듬 한 단락을 읽자, 토마 엄마가 박수를 쳤다.

스테파니, 토마와 스테파니의 초등학교 같은 반 친구 제롬(Zerom), 브느와(Benoit), 멜라니(Mélanie)는 주말마다 가족과 함께 동네 서점에 모여 책 낭독 모임을 한다.

나는 보르도 한글학교 교사를 할 때 스테파니의 엄마 킴(Kim)을 만났다. 프랑스에는 총 14개의 한글학교가 있는데 한국태생의 프랑스 입양인들이나 그 가족들, 또는 한국문화에 관심이 있는 프랑스 학생이 수강생이었다. 거기서 킴(Kim)을 만났다. 입양인 중 많은 사람의 이름이 킴이다. 입양인 부모의 '배려'가 담겼다. 한국 성을 이름으로 쓴 까닭은 그걸 이름으로 여겼기 때문이다. 원래 이름을 불러 주려는 뜻이었다. 그러나 한국과 프랑스는 성과 이름을 쓰는 순서가 다르지 않은가.

킴은 자신의 아이들 스테파니와 토마에게도 한글을 가르치기를 원해서 내게 과외를 부탁했다. 하루는 킴이 미술책 전문서점에서 격주로 열리는 초등학생 낭독회에 나를 초대했다. 4가정이 어울려 주기적으로 책 낭독 모임을 한다고 했다.

토마는 1학년으로 가장 어렸다. 아직 프랑스 책 읽기가 서툴렀다. 더듬거렸다. 그래도 엄마는 흐뭇해했다. 서점에 들른 손님들도 호기심

가득한 표정으로 바라보다가 아이들의 낭독이 끝날 때마다 환호하며 응원했다. 프랑스 동네 서점에서는 종종 볼 수 있는 장면이다.

프랑스 초등학교에서는 낭독, 소리 내어 책 읽는 것을 중요하게 생각한다. 낭독은 내 목소리로 타인에게 뜻을 정확히 전달하는 것이 얼마나 중요한지 일깨운다. 내가 아는 것에서 끝나지 않고 '소통'과 '전달'이 독서의 한 과정이기 때문에 책을 눈으로만 읽는 교육은 하지 않는다. 이 같은 독서 소리교육은 말을 할 때 당당하고 정확하게 발음하는 데 도움이 된다. 즉, 낭독은 토론을 준비하는 기초작업이다. 토론에서는 내용뿐만 아니라 말할 때 목소리 톤을 조절하는 일, 예의 바른 말투, 자세, 표정 등도 중요하다. 낭독은 소리 내는 연습을 할 수 있는 좋은 방법이다. 다른 사람들 앞에서 발표하는 게 편안해지면 자기 의견을 드러내거나 토론수업을 할 때도 본인의 톤을 유지할 수 있다.

그래서 프랑스 부모들은 글자를 가르치기 전에 책을 읽어준다. 보통 초등학교 입학 전까지는 글자를 가르치지 않는다. 아동교육 전문가들이 권유하는 문자를 가르치는 나이가 6살이기 때문에 부모들은 믿고 기다린다. 그리고 초등학교 1학년에 알파벳을 가르치기 시작하면 프랑스어 받아쓰기는 중학교를 졸업할 때까지 한다. 천천히 시작하고 오랫동안 철저히 하는 것이 그들의 특징이다.

1학년 프랑스어 시간 주요 평가항목은 크게 말하기와 쓰기다. 말하기 평가는 또 큰 목소리로 읽기와 구두 표현력으로 세분된다. 말하기 교육도 함께 이뤄진다. 어느 정도 시간이 지나면 아이들은 논리적이고 당당하게 말할 수 있게 된다.

1학년 때 말하기와 함께 주요한 평가항목은 쓰기다. 쓰기는 또 베껴쓰기, 철자법, 받아쓰기, 동사변형, 문법, 어휘, 글짓기, 독해력 등으로 세분해 평가한다. 프랑스 초등학교 시간표에는 프랑스어가 빠지는 날이 없다. 초등교육은 프랑스어로 시작해서 프랑스어로 끝난다고 해도 과언이 아니다.

서점에서 하는 낭독 모임은 부모, 친구와 함께 부담 없이 즐긴다. 자연스럽게 사람들 앞에서 자신을 드러내는 훈련이 된다. 발표력도 좋아진다. 낭독 모임이 끝나면 어른, 아이 구분 없이 각자 느낀 바를 이야기한다.

프랑스 동네 서점은 복합문화 공간으로 운영된다. 꼬마 손님들의 낭독 모임뿐만 아니라 무명 작가와의 만남, 무명 화가의 전시회도 연다. 테이블 하나에 의자 몇 개로도 훌륭한 행사를 치른다. 명성과 규모는 중요하게 여기지 않는다. 주민 소통의 장으로서 기능한다.

개성 있는 작은 서점들이 많다. 개성은 '다름'을 뜻한다. 그게 바로 그 서점들의 존재 이유이다. 프랑스에선 어느 분야든 다름이 존중받고 용인된다.

리옹(Lyon)의 〈신나는 일요일(Vivement dimanche)〉이라는 어린이-청소년 전문서점은 책을 팔기만 하지 않는다. 책을 기증받고, 필요한 아이들이 그 책을 가져갈 수 있도록 한다. 〈신나는 일요일〉은 책이 모였다가 다시 주인을 찾아 떠나는 '책 정거장' 같은 역할을 하고 있다.

파리의 서점 중에는 새 책과 헌책을 함께 파는 곳이 많다. 대표적으로 지베르 조세프(Gibert Joseph)가 있다. 새 책과 헌책 코너가 나뉘어 있는 것이 아니라 중고라는 뜻의 오까지옹(Occasion) 스티커가 붙어 있는 것이 중고 책인데 새 책과 섞여 전시 판매되고 있다. 중고 책도 무시당하지 않는 느낌이 들어 좋다. 이 서점은 1929년에 문을 연 유서 깊은 곳이다.

또 거의 관광지가 되어버린 〈셰익스피어 앤 컴퍼니(Shakespeare and Company)〉는 1911년 문을 연 프랑스 파리의 영어책 전문서점으로 유명하다. 헤밍웨이(Ernest Hemingway)가 자주 들렀다고 알려져 있다. 그곳에서 가난한 작가들이 글도 쓰고 토론도 하고 심지어 잠을 자기도 했다. 지금도 침대가 남아 있다. '다름'은 100여 년이라는 세월의 흐름과 함께 '이스뜨와'(histoire 이야기 또는 역사)를 더하고 있다.

비단 파리에만 유명한 서점이 있는 것은 아니다. 프랑스 남부 알프 드 오트 프로방스(les Alpes de Haute-Provence)에 인구 1,000여 명의 바농(Banon)이라는 작은 마을이 있다. 이곳에 르블뢰(Le Bleuet)라는 독립서점이 있는데, 프랑스 책 판매 순위 5이다. 어떻게 이런 일이 가능

할까? 상식을 뒤엎는 프랑스인 행동의 출발점은 무엇일까? 그 모든 것의 뒤편에 다름을 사랑하는 똘레랑스가 있기 때문이 아닐까?

프랑스 서점가가 다른 나라와 다른 것이 하나 더 있다. 스테디셀러는 있지만 베스트셀러는 없다는 점이다. 미국이나 한국처럼 베스트셀러라고 해서 누구나 같은 책을 사보는 일은 여간해서는 없다. '같은' 것을 싫어하는 프랑스인 특성 때문이다. 방송이나 서점에서 유명 작가의 책이라고 광고하면 프랑스인들은 코웃음부터 친다. 책은 어디까지나 '개인 취향'으로 선택한다. 남이 읽는다고, 유명 저자의 책이라고, 유행이어서, 또 남한테 뒤지지 않으려고 책을 고르지 않는다.

초등학교 교사에게 필독 도서를 알려달라고 부탁하면 의아해할지도 모른다. '서점에 가서 부모나 아이가 원하는 책을 고르면 되지 왜 그런 걸 묻지?'라는 반응을 보일 수도 있다. 기본적으로 프랑스인은 남을 따라 하는 걸 질색한다. 그들에게 필독 도서 목록은 낯설기만 하다. 나이별로 의무적으로 읽어야 할 도서 목록 같은 것은 없다.

한글학교 교사를 하며 친해진 프랑스인들의 집에 종종 초대받아 가 보면 거실에 아이들 책이 없다. 서재가 따로 있거나 아이들 책은 아이들 방에 있다. 거실은 함께 이야기를 나누는 곳이기 때문에 텔레비전도 없다. 소파는 벽을 향하지 않고 마주 보는 구도로 놓여 있다.

아이들 대부분은 책을 직접 고르며 설사 그 책이 부모 마음에 들지 않더라도 아이들 의견을 존중한다. 그래서 프랑스 어린이들은 독서를 즐긴다. 독서를 공부라고 여기지 않는다. 서점까지 가는 길, 책을 선택하는 과정, 책을 읽은 후 이야기를 나누는 전 과정을 독서라고 본다. 어떤 부모도 아이가 책을 읽지 않는다고 걱정하는 경우는 못 봤다. 그들은 다독보다는 책과 즐거운 경험을 나누는 게 더 중요하다고 생각한다.

2장

생각주머니 키우는 토론

tolérance
lecture
débat

01
무모한 토론을 시도하다

2022년 2월 초등학교 4학년 모범생들이 디베이트 수업에 등록했다.
"토론하려면 미리 책을 읽어와야 하지 않나요?"
학부모들로부터 가장 많이 받는 질문이다.
"**학원은 지정 도서를 읽고 만나서 그 책 이야기를 한대요."
이런 이야기를 들으면 한마디 하지 않을 수가 없다.
"제가 하나 여쭤볼게요. 만일 제가 《갈매기의 꿈》을 읽어오라고 했어요. 그런데 미영이가 놀러 갔다 오느라고 그 책을 못 읽었으면, 그럼 그날 그 팀은 분위기가 어떻게 되나요? 또 《갈매기의 꿈》을 읽기 싫어하는 아이는 억지로 읽어야 할 텐데, 독서 숙제를 채근하는 엄마와 싸우게 되지 않겠어요?"

"그건 그렇지만 주요 도서들을 읽도록 학원에서 관리해 주면 좋잖아요."

"어릴 때는 읽고 싶은 책을 읽고 싶은 만큼 읽는 게 좋아요. 어른들은 책을 읽고 싶은 환경 조성만 해주면 돼요. 아무튼 저는 지정 도서도 없고 숙제도 없이 진행할 거예요."

"숙제 없이 공부가 되나요?"

"자기가 스스로 숙제를 만들어서 하게 할 거예요."

말은 자신만만하게 했지만, 아이들이 토론하고 싶어서 신발이 벗겨지도록 뛰어오는 아지트로 만들려면 어떻게 해야 할까? 나는 나에게 숙제를 내고 있었다.

첫날 주제는 베르그송(Henri Bergson)의 《웃음(Le Rire)》이었다. 학부모들은 자기 아이가 말을 잘못할까 봐 걱정스러운 눈길을 보내고 있었다. 아이들도 디베이트가 처음이어서 잔뜩 굳은 모습이었다. 게다가 주제는 듣도 보도 못한 철학자 베르그송이라니……

둘씩 짝을 지어주었다. 한 아이에게는 상대방을 웃기라고 했고, 상대방에게는 웃음을 참으라고 주문했다. 아이들은 웃기려 하고 참으려 하는 서로의 모습이 우스워 금세 긴장을 풀었다. 게임이라고 여기고 신나게 이런저런 웃긴 몸짓을 지었다. 그런 모습을 보고 웃음을 참기가 쉽지 않았다. 한 아이만 남기고 모두 웃음을 터뜨리고 말았다. 마지막까지 웃음을 참으며 버텼던 아이도 상대방이 동물 흉내를 내자 웃음을 터뜨리고 말았다.

동물 흉내를 내면 왜 웃음이 터질까. 누가 누구를 흉내 내면 왜 웃길까. 똑같은 행동을 어른인 내가 하면 왜 아이들이 웃을까. 우리는 언제 웃을까. 왜 갖고 싶은 장난감을 받았을 때 웃음이 터지지 않을까. 비웃음은 무엇일까. 인간은 웃을 줄 아는 동물이기도 하지만 웃길 줄 아는 동물이기도 하다. 웃음 뒤엔 무엇이 있을까.

평소에 아이들은 많이 웃지만 사실 인간이 언제 왜 웃는지에 대해 생각해 본 적은 별로 없다. 첫날은 아이들과 정말 내내 웃으며 '웃음 경험담'을 주고받고, 의문이 생기게 질문을 던져 주었다. 그날의 숙제는 집에 가서 부모님 웃기기였다. 나중에 들은 이야기인데, 아이들이 집에 와서 계속 웃긴 행동을 해서 그날 저녁 온 가족이 깔깔거렸다고 했다.

두 번째 토론 제목은 〈보이는 라디오 게스트 초대〉였다. 팀별로 사회자와 초대 손님을 정하는 등 틀만 짜주고 주제는 마음대로 정하도록 했다. 수업에 와서 의논하고 정해도 되는데, 아이들은 팀별로 몇 시간씩 따로 모여 준비했다. 어떤 아이는 라디오 방송국 PD로 일하는 이모에게 조언을 구하기도 했다. 초대 손님을 맡은 한 아이는 어떤 유명 인사가 될지 상상하며 아빠에게 직업에 관해 묻기도 했다고 한다.

하루는 너무 열심히 공부하는 아이들을 쉬게 하고 싶었다. 분위기를 바꿔야겠다고 생각했다. 그래서 '잘 말 안 듣기' 수업을 하자고 제안했다.

"얘들아, 이번 미션은 잘 말 안 듣기야. 너흰 너무 말을 잘 들어 문제야."

"네?" 아이들이 눈을 동그랗게 뜨고 쳐다본다.

"잘 말 안 듣기가 뭐예요?

"말을 안 들어야 해, 잘 안 들어야 해!"

"그게 뭐지?" "그러게 잘 듣는 것도 알고, 안 듣는 것도 아는데, 잘 안 듣는 건 뭐야?" 아이들이 웅성웅성한다.

"너희들은 학교에서 시키는 대로 이미 잘하고 있잖아. 그런데 아지트에서는 내가 시키는 대로 하지 않는 거야."

나와 아이들은 재미있을 것 같은 기대감에 웃음 지었다. 아이들도 웃었다. 은근히 신나 했다.

"우재야, 밖에 나가서 선생님 마실 커피 좀 사 와라!"

"선생님, 저는 돈이 없어요."

"카드 줄게. 자 여기."

우재가 어떻게 거절할지 잠시 고민했다.

"커피가게가 문을 닫았어요."

"조금 더 가면 슈퍼가 있어. 거기서 사와도 돼."

"저 공부해야 하는데요."

"커피 사 오고 나서 공부해도 되잖아."

"숙제가 많아서 안 돼요."

"저 같으면 '선생님이 마실 커피는 선생님이 사 오세요. 왜 아이한테 시키세요? 그건 부당해요!'라고 말할 거예요." 야무진 린아였다.

"그래, 부당하다고 생각하는 부탁은 잘 거절하자!"

다음은 민수와 역할극을 했다.

"수학 5단원까지 다 풀어놔라!" 거절 미션이었다.

"싫어요."

"이유가 뭔데?"

"그냥 풀기 싫어요."

"넌 학생이잖아. 그럼 풀어야지……"

"공부 못하는 학생도 있어요. 저는 공부 못하는 학생으로 살 거예요."

"그건 바람직한 생각이 아닌 것 같은데?"

"저는 수학을 싫어해서 하고 싶지 않아요."

"그럼 수학 학원은 왜 다녀?"

"엄마가 다니라고 하니까요."

"엄마를 설득해 봤어?"

"엄마는 제 말을 안 들어요."

"수학 학원을 안 다니려면 네가 스스로 수학 공부를 하는 거야. 저학년 수학은 조금만 읽어보면 혼자 할 수 있어."

"수학을 집에서 혼자 공부하면 학원을 안 다녀도 된다고요?" 민수는 생각에 잠겼다.

"다시 말할게. 수학 5단원까지 풀어라."

"저는 수학을 어려워해서 오늘은 3단원까지만 풀게요. 그리고 내일 4단원을 풀게요. 차츰차츰 스스로 풀어나가 볼게요. 기다려 주세요."

"잘했다. 민수야."

그때 평소 말수가 적은 동하가 나서서 한마디 했다.

"선생님, 그런데 선생님이 말을 듣지 말라고 했는데, 우리 모두 선생님 말을 너무 잘 듣고 있네요. 저는 선생님 수업을 안 듣고 나갈게요."

웃음이 터졌고, 그날도 우리는 모두 밖으로 나가서 신나게 뛰어놀았다.

어느 날 린아 엄마에게서 전화가 왔다.

"린아가 왜 저렇게 열심히 해요? 아이가 무엇에 저렇게 몰두한 적은 없었거든요. 친구와 만나 2시간이 넘도록 뭘 쓰더라고요. 비결이 뭐예요?"

"영업비밀이에요."

나는 웃으며 농담 삼아 대답했다.

비밀은 '교사가 질문하고 아이들이 답하는 수업'이라고 해야 할까. 교사의 개입을 줄이고 아이들이 주도적으로 고민하도록 하는 장치를 만들어두고 기다리는 것이다. 우리는 실제 뉴스에서 나온 사건으로 '법정 디베이트 수업'을 했고, 스마트폰으로 30초짜리 영화를 만들어 보는 '30초 영화제' 등 매번 다른 수업을 이어 나갔다.

숙제는 첫날 부모님 웃기기 외에 낸 적이 없었다. 그러나 시간이 흐르면서 아이들의 독서량은 늘어갔다. 책을 읽을수록 할 말이 많아지는 경험을 했기 때문이다. 각자가 읽어본 책을 이야기하니 서로 책을 바꿔 읽기도 했다. 책을 읽으라고 '지시'한 적은 없지만, 아이들은 토론하려고 다양한 책을 살피며 내용을 찾아왔다. 숙제가 아니었는데 말이다.

토론하며 아이들이 스스로 알아내고 느끼길 원했다. 디베이트 수업은 아이들의 무대였고, 단순히 말 잘하기 대회로 몰아가지 않았다. 똘레랑스를 가르치고 싶었다. 서로 개성이 다른 우리가 어떻게 합리적으로 조화를 이루어 나가야 하는지 일깨우고 싶었다.

아이들은 다른 생각을 주고받는 걸 즐거워하기 시작했다. '다름'은 다툼의 시작이 아니라 '이해'의 시작임을 토론을 통해 배워나가고 있다. 주입식 입시토론 시각에선 보면 이해할 수 없는 수업이다. 진짜 토론은 철학을 해야 하고 사고를 뒤집어야 하고 즐거워야 한다. 그리고 무모한 수업에 도전해야 한다.

02
학부모들의 '비협조' 덕에 열띤 토론 벌였다

왜 아이뿐 아니라 어른도 토론을 힘들어할까. '맞는 답'을 말해야 한다는 부담감 때문이다. 프랑스인들의 토론에선 '맞는 답'이 없다. '맞는 답'은 나이에 따라, 환경에 따라, 국적에 따라, 입장에 따라 '다르다.' 토론에선 맞든 틀리든 자신 있게 말하는 게 중요하다.

"오늘 주제는 '공부'로 해보자. 공부 좋아해?"
내가 먼저 물었다.
"아뇨." 아이들이 입을 맞춘 듯이 동시에 외치며 웃었다.
"그런데 왜 공부해?"

"좋은 대학 가려고요."

아직 어린데…… 대답이 의외였다.

"좋은 대학?" 나는 멈칫하다가 물었다.

"저는 MIT요." "저는 하버드요." "저는 옥스퍼드요."

"민수는 왜 MIT를 가고 싶어?"

"만들기를 좋아해서요."

"MIT 등록금만큼 만들기 키트를 인터넷으로 주문해서 집에서 만들면 될 텐데…… 왜 그 대학에 가서 만들어야 해? 그 대학은 영어로 수업하는데?"

"정말요? 영어로요? 그럼 안 갈래요. 전 영어 싫어하거든요."

"그런데 너희들은 왜 그런 대학을 가고 싶어 해?"

"엄마가 하버드가 좋은 대학이래요."

"하버드 학생들이 공부를 많이 한다는 것은 알아?"

"아뇨."

"대학 들어간 다음에는 뭐 할 거야?"

"놀아야죠." 아이들이 다시 이구동성 외쳤다.

한국 아이들은 왜 부모의 꿈을 자신의 꿈이라고 말하게 되었을까. 어떻게 세계 명문 대학 이름을 줄줄 꿰게 되었을까. 아직 어린아이들인데 모두 비슷한 목표를 갖고 있다는 게 놀라웠다.

'내'가 '내 생각'을 가지지도 못했는데 어떻게 사고력을 확장할 수 있을까. 그 확장된 사고력이 '자기 것'이 아님을 깨달았을 때 아이들은 어디로 나아가야 할까.

프랑스는 초등학생에게 절대 꿈을 물어보지 않는다. 학교에서 '장래 희망'을 묻지도 않는다. 왜냐하면 꿈이란 단어 자체가 모호하기 때문이다. 직업을 물어보는지, 원하는 것을 물어보는지, 희망 사항을 물어보는지…… 불분명해 아이들에게 혼돈을 주기 때문이다. 배트맨이나 우주인이 되고 싶은 아이들에게 꿈을 물어보는 것은 이상한 질문이라고 생각한다. 그러나 우리는 직업과 꿈을 동일시해서 그 직업을 갖지 못하면 꿈을 이루지 못하는 것으로 간주한다, 즉 '실패했다'라고 생각한다.

그날 아이들은 생각의 전환점을 경험했다. 아직 어린아이들인데 모두 비슷한 목표를 갖고 있었고, 그 목표가 '자신의 것'인지 '타인의 것'인지 구분해 보기 위한 깊이 있는 토론을 이어 나갔다.

"공부하기 싫은 사람은 어떻게 해야 할까?"
"하는 척하면 되지 않을까?"
"그건 나쁜 거지."
"안 하면 혼날걸. 게임도 못 하게 할걸."
"조금 하고 놀면 어때?"

"조금은 할 수 있지."

아이들은 저희끼리 "게임을 할 수 없을지도 모른다"라는, 있을지도 모를 '현실적' 불이익에 어떻게 대처해야 할지 한참 논의했다.

"사실 나는 옥스퍼드대학이 어디에 있는 줄도 몰라."

"그런데 왜 거기 간다고 했어?"

"거기 간다고 말하면 엄마가 좋아해서."

"네가 하고 싶은 건 뭔데?"

"나는 여행하고 싶어."

"와~, 나도 여행을 다니고 싶어."

"여행 다니면 내가 무엇을 하고 싶은지 알 수 있을 것 같아."

"맞아! 우리는 아직 뭘 하는 것이 좋은지 다 경험해 보지도 않았잖아."

"나는 꿈이 매일 바뀌어."

"나도 그래, 수의사, 앵커도 하고 싶고 또 발레선생님도 하고 싶어."

"직업이 꿈은 아니라고 했잖아."

"꿈을 직업으로 이룰 수도 있고, 돈을 벌면서 다른 꿈을 가질 수도 있대."

"그럼 대학은 왜 가는 걸까?"

"취직하려고."

"가야 하니까."

"심심해서."

"에이, 그건 아니지."

"배우고 싶은 것을 배우려고."

"우리 삼촌은 중국어과 나와서 카페 하는데."

"우리 엄마는 영문과 나왔는데 그냥 가정주부로 계셔."

"배운 것과 직업이 상관이 없는 건가?"

"그런가 봐."

"아냐, 우리 엄마는 영문과 나와서 영국과 무역하시는데. 그럼 좀 관련 있는 거 아냐?"

"사람마다 다른 거 아냐?"

"그래. 우리는 다 달라."

"생각도 다르고."

"같을 필요가 없는 거야."

아이들은 나름 심각하고 진지하게 묻고 답했다. 토론이 끝나갈 무렵 한 마디 끼어들었다.

"얘들아! 공부는 대학 진학이라는 목표를 이루려고 하는 것이 아니라 모르는 것을 깨치려고 하는 거야."

내가 말하고도 너무 상투적인 느낌이었다. 모르는 것을 꼭 대학에서 깨우칠 필요는 없다는 이야기까지 나아가면 한국 현실과 괴리감이 있어 서둘러 마무리 지었다.

"다음 시간에는 돈에 관한 이야기를 해보자."

"'제가 요즘 돈을 많이 벌고 싶다'라는 생각을 하거든요."

"저도요, 저도요."

"저는 《열두 살에 부자가 된 키라》 읽어봤어요."

"우리 집에 《돈의 역사》라는 책이 있어요."

"우리 집에는 책이 없어요. 주식에 관한 책이 있는데 그거 읽어와도 되나요?"

"도서관에 가서 빌려." 재연이가 조언했다.

"어떤 책을 읽어오든 말든, 그건 오로지 너희들 마음이야." 나는 결론을 내려줬다.

"다행이다. 나 이번 주 캠핑 가서 책 읽을 시간 없는데." 영준이가 안도의 한숨을 쉬었다.

아이들은 교실 밖으로 나가면서도 조잘조잘 이야기를 멈출 줄 몰랐다.

나는 토론수업의 주제와 관련해 부모의 어떤 개입도 원치 않는다고 학부모들에게 미리 알렸다. 학부모들에게 아이들의 토론수업을 준비시키지 말아 달라고 부탁했다. 사전 준비하면 토론수업 효과도 없을뿐더러 방해하는 거나 마찬가지라고 단호하게 일러뒀다.

학부모들의 '비협조' 도움을 받으며, 아이들은 매시간 열띤 토론을 벌였다. 서로 자기주장을 하기에 바쁠 정도였다. 다음 토론 주제가 정해지면, 더 자신 있게 열정적으로 색다른 의견을 내놓으려고 경쟁적으로 자료조사에 들어갔다. 자료는 책이었다. 아이들은 어느새 스스로 책을 찾았다.

03
토론이 독서를 부추기고, 독서는 토론을 뒷받침한다

초등학교 1학년 민우가 짜증이 늘었다. 민우 엄마는 애가 8살이 되더니 고집만 부리고 제 마음대로 하려 한다며 고개를 저었다. 부모들은 애가 5살이라서, 7살이라서, 중학생이라서, 짜증이 심해졌다는 말을 자주 한다.

아이들의 낯선 변화는 자아가 자라고 있다는 거친 표현이다. 아이들의 짜증은 "소통이 잘 안 돼요"라는 신호다. 천사 같았던 아이의 첫 거짓말, 첫 말대꾸, 첫 반항에 부모들은 화들짝 놀라 야단치기에 바쁘다.

드러난 문제가 아니라 원인이 무엇인지부터 이야기를 나눠봐야 한다. 아이가 '신호'를 보내면 부모는 무엇이 문제인지 아이의 이야기를 들으려 해야 한다. 토론해 문제를 분석하고 객관화해서 원인을 함께 찾으려고 노력해야 한다. 그래야 같은 상황이 다시 생기면 부드럽게 대처할 수 있다.

민우는 문제를 풀다가 모르는 문제가 나오자 "아이~씨~"라며 짜증을 확 냈다. 평소 모습과는 확실히 달랐.
"민우야, 너 요즘 짜증이 자꾸 나?" 부드럽게 물어보았다.
"어. 선생님 어떻게 알았어요?" 민우가 깜짝 놀랐다.
"그래 보이더라. 이유가 있니?"
"엄마가 자꾸 화를 내서요."
"엄마가 왜 화를 내시는데?"
"'만화책 보지 마라! 공부해라!', 잔소리만 해요."
"그랬구나…… 많이 피곤했겠네. 민우가 이제 학생이 되어서 학교도 다니는데……"
"저 오늘 공부 조금만 해도 돼요?"
"와~, 그거 정말 좋은 의견이네. 그리고 언제든지 그런 의견은 화내지 말고 이렇게 말하듯이 표현해줘!"
민우는 해야 할 분량의 공부를 하고는 조용히 앉아 색종이 접기를 하고 책을 읽었다. 들어올 때와 달리 한결 얼굴이 편안해졌다.

"어휴~, 요즘 애들이 왜 저렇게 짜증을 내며 말하죠?"

"월급을 안 받아서요." 민우 엄마 하소연에 내가 웃으며 말했다.

"네?"

"애들이 영업사원도 아니고 어떻게 곱게만 말합니까? 엄마는 애들한테 말 편하게 하지 않나요? 직장 상사에게 말하듯이 하지는 않잖아요."

"어디만 가면 심심하다고 제 옷자락을 어찌나 잡아당기는지…… 놀이공원에 가도 그렇고 집에서 놀 때도 수시로 제 옷자락을 잡아당겨요."

"그럴 때 뭐라고 하시는데요?"

"'저리 가서 혼자 좀 놀아!', 그러죠."

"짜증 내는 말투로요?"

"어쩔 수 없이…… 그렇게 되죠."

"아이가 이유 없이 자꾸 심심하다고 한다면, 왜 그렇게 생각하는지 이야기를 나눠보세요."

"네에?"

"엄마와 아이는 다른 사람이고 역할도 다르니까, 각자 감정은 어느 정도 스스로 컨트롤해야죠. 해줄 수 있는 것과 없는 것을 설명하고, 엄마가 쉬고 싶을 때는 그 마음을 아이에게 이야기하고 기다려 달라고 하세요. '또 왜 이래? 저리 가!'라고 할 게 아니라 '엄마가 방금 퇴근했으니 20분만 쉬고 나서 같이 놀아줘도 될까? 기다려 줄래?'라고 명확히 말하세요."

"숙제를 안 하고 놀 때는요?"

"저는 숙제 하라고 안 하거든요. 안 해가서 학교에 갔을 때 상황을 본인이 맞닥뜨리고 느끼도록요. 숙제가 있는지 물어보기는 하지만, 하라고 명령은 하지 않아요."

"전 숙제 못 해가는 것은 상상도 못 하겠거든요. 애가 잘 때 되면 숙제를 시작해요."

"아이와 잘 시간을 먼저 합의하고 그 시간에 불을 끄세요. 숙제를 다 못했다면 다음 날 아침 조금 일찍 일어나서 할 것이고, 일찍 일어나는 게 힘들어 못 해가다 보면 불이 꺼지는 시간을 계산해서 조금 미리 하겠죠."

"그래도 숙제를 못 하면요?"

"학교에서 불편감을 느끼도록 두면 스스로 고칠지 말지 생각해보겠죠."

"어휴~~, 그럼 스스로 알아차릴 때까지 기다려야 하나요? 답답해서……"

"처음엔 느려 보이지만 스스로 느끼고 결정한 이후에는 엄마도 편해져요. 하지만 잔소리로 끌고 가면 몇 년을 반복할지 몰라요."

"제가 불안해서 잘 될지 모르겠어요. 영영 공부를 손 놓을까 봐요."

"공부는 아이 몫이고 엄마는 아이가 몸과 마음이 건강하도록 돕는 거예요."

"공부를 닦달한 제가 좀 더 너그러워져야겠어요. 이렇게 아이랑 매일 싸우는 건 끔찍해요."

파리에 사는 후배는 초등학생 엄마인데 숙제를 꼬박꼬박 시킨다. 하루는 학교 담임선생한테서 연락이 왔다. "어떻게 아이가 숙제를 한 번도 안 빼고 할 수 있느냐?"라고 물었다. 칭찬이 아니라 나무라는 말투였다. 아이여서 숙제를 못 하는 날도 있을 텐데 꼬박꼬박해 온다는 건 엄마가 아이의 자율성을 통제하고, 정서적으로 스트레스를 주고 있지 않은지 의심하는 듯했다. 그러나 후배는 "숙제는 꼭 해야 한다"라는 원칙을 지킬 것이라고 답했고, 담임선생도 '한국이라는 나라'의 특징이라고 이해하고 넘어가게 되었다. 그러나 모범적인 엄마라고 생각하지는 않는 듯했다.

아이의 숙제 문제는 교사와 아이가 의논해 해결해야 하는데 부모가 개입하니 아이의 특성을 파악할 수 없어 어려움이 있다는 게 프랑스 교사의 입장이었다. 우리는 초등공부는 '엄마 공부'라고 여긴다. 숙제해가는 것이 교사에 대한 존중이라고 여기지만 프랑스는 아이가 서툴거나 잊는 게 당연한데 엄마가 그렇게 간섭하면 자기 주도적으로 공부를 할 수 없게 된다고 생각한다.

아이에게 좋은 습관을 들이게 하고 싶다면 가정에서 작은 토론을 자주 해야 한다. 일주일에 한두 번 정도면 된다. 가정에서 할 때는 형식에 얽매이지 않아도 좋다. 아이들이 '토론학 개론' 시험을 보는 건 아니지 않은가. 아이와의 토론을 녹음해서 들어보면 잊고 있었던 부분을 새삼 깨닫게 된다. 의견이 충돌할 것 같으면 카페에 가서 이야기하는 것도 좋다. 열린 공간이어서 서로 감정을 자제하는 효과가 있다. 일방적으로 이야기하고 강요하면 그건 토론이 아니다. 그렇게 하면 아이가 대화를 피하기 쉽다. 잔소리가 아니라 토론이 목적임을 분명히 인식해야 한다.

민우와의 두 번째 시간에는 민우가 엄마 역할을 하고, 나는 짜증 내는 민우 역할을 해서 짧은 역할극을 해보았다. 민우는 엄마 역할에 몰입해 제법 엄마 흉내를 잘 냈다. 역할극을 마친 후 민우에게 감상을 물었다.

"엄마가 저를 사랑하는 건 알지만 엄마는 말을 함부로 해요. 그래서 저도 기분이 나빠서 엄마를 괴롭혀요. 하지만 저처럼 행동하면 엄마가 힘들 것 같아요. 앞으로는 엄마가 나랑 놀아줄 수 있는지 묻고 엄마가 힘들 땐 기다려 줄 거예요."

민우 부모도 민우와 작은 토론을 자주 했다. 이제 민우는 더 이상 짜증 내지 않았다. 민우 말고도 많은 아이들이 토론수업을 통해 예의 바른 아이들이 되어가고 있다.

형석은 집에 일해 주러 오는 아주머니를 배려하게 되었고, 동생이 떼를 쓰면 주먹부터 날리던 윤우는 동생을 말로 타이를 줄 알게 되었다. 지현이는 문제집을 집어 던지기 전에 "30분만 쉬었다가 공부를 하겠다"라고 말할 줄 알게 되었고, 문을 쾅 닫고 들어가던 중학생 진경이는 "잠시 혼자 있고 싶어요"라고 말하게 되었다. 아는 것도 많고 말도 잘하는 준서는 혼자 독불장군처럼 말하다가 토론 시간에 사회자 역할을 해보고 난 후에는 자기 말을 줄이고 다른 친구들에게 적절히 말할 시간을 배분할 줄 알게 되었다.

토론이 일상에 스며들며 아이들의 행동에는 큰 변화가 일어났다. 토론이 빚은 '작은 기적들'이라고 해도 과하지 않을 정도다.

토론수업을 오래 한 고학년 아이들은 책을 정해 토론하고 책 내용과 유사한 자기 경험담뿐만 아니라 다른 책과의 연결고리까지 찾아냈다. 독서를 통해 단순히 지식을 습득하는 것이 아닌 생각을 끌어내는 재미를 알게 되었다. 토론 준비를 하려고 책을 읽었지만, 토론 후에는 토론하는 동안 해결이 안 되었던 궁금증을 책에서 찾아보게 되었다. 독서량이 늘자, 새로운 논제가 주어졌을 때 이해와 추론이 빨라졌다. 토론이 독서를 부추기고, 독서가 토론을 뒷받침하는 모양새다.

04

악동들이
토론에 집중하다.

특별 토론반을 만들었다. 구성원은 초등학교 4학년 다섯 명이었다. 대혁, 서준, 시우, 은우, 유찬. 소문난 악동들이었다.

큰 목소리로 소리를 질러대는가 하면, 쉴 새 없이 목마르다, 화장실 가겠다며 갖은 요구를 했다. 연필을 책상에서 일부러 떨어뜨리기도 했다. 예의라고는 찾아볼 수 없었다. 다섯 아이는 같은 영어유치원 출신 개구쟁이들이었다.

여러 학원을 전전하다 마침내 학원도 안 가겠다고 버티며 놀기만 했다. 부모들이 '토론수업'을 다니면 게임기를 사주겠다고 설득해 특별 토론반에 나왔다. 아이들은 "나는 게임기 때문에 왔으니 공부시켜봤자 소용없다"라는 태도로 똘똘 뭉쳐 있었다.

나는 아이들이 그냥 떠들게 두었다. "조용히 해라!"라고 말하지 않았다. 그리고선 조용히 아이들을 바라봤다. 어떤 아이가 어떤 말을 하는지, 어떤 상황에서 어떤 행동을 하는지, 아이들 하나하나의 성격을 꼼꼼히 관찰했다. 아이들이 가끔 내 얼굴을 흘끔흘끔 쳐다봤다. 아이들은 '어, 이상하네. 왜 선생님이 화를 안 내지?'라는 표정이었다. 20분쯤 후 아이들에게 한 가지 제안을 했다.

"얘들아, 이제 충분히 할 말 다 했니?"라고 물었다.
"거봐. 이제 공부 시킨다니까!" 서준이가 단언했다.
"뻔해!" 저희끼리 불만스러워하며 속닥거렸다.
"이제 놀이터에 가서 놀까?"
내 말이 뜻밖이었나? 그랬겠지!
아이들은 잠시 어리둥절하다가 환호성을 질렀다.
이번에는 밖에서 아이들이 어떻게 움직이는지 관찰하고 메모했다. 아이들이 공놀이하다가 다퉜다. 덩치가 조금 큰 대혁이가 말려서 큰 싸움으로 번지지는 않았다. 나는 그 모습을 휴대폰 동영상으로 찍었다. 그리고 "수업 끝났다!"라고 알렸더니 아이들은 의심스러워하는 표정을 지었다. 주저주저하더니 집으로 달려갔다.

"공부시키기만 해봐!"라는 자세로 나오는 아이들을 다루려면 먼저 아이들을 파악해야 했다.

두 번째 시간에 첫날 찍었던 동영상을 보여주려고 모니터를 켰다.
"학교나 학원에서 틀어주는 영상은 다 재미없는 거야!"
"볼 필요 없어!"
"다 아는 얘기일걸!"
은우와 유찬이는 비웃고, 시우는 낄낄거렸다.
모니터에 아이들 모습이 나왔다.
"어? 우리네?" 시선이 쏠렸다.
아이들은 뜻밖에 나오는 자기모습에 집중했다.
"대혁아, 너 뛰어가는 것 좀 봐!" 은우가 외쳤다.
"저기 나다." 시우도 자기모습을 찾았다.
서준이가 던진 공이 빗나가서 시우 머리에 맞은 순간 영상을 멈췄다.
"이때 기억나지? 이럴 때 어떻게 해야 할지 누가 먼저 말해볼까?"
아이들이 차례도 지키지 않고 큰 소리로 말했다.
"서준이가 사과해야 해요." "놀이니까 시우가 참아야 해요." "그래도 시우가 주먹질한 건 나빠요." "서준이가 발로 찼어요."
그러다 이내 자기들끼리 말싸움을 벌였다. 아이들은 서로 자기 말이 맞는다며 소리 지르고 우겼다. 조용조용 자기 주장하는 법을 배운 적이 없는 듯이 보였다.

"서준이가 일부러 그런 건 아니지만…… 먼저 시우에게 다가가 '괜찮니? 미안해!'라고 말했으면, 시우가 뭐라고 대답했을까?"

"'괜찮아!'라고 했을 것 같아요."

"그런데 서준이는 어떻게 했지?"

"가만히 있었어요."

"서준이는 왜 가만히 있었니?"

"사과할 생각도 있었는데 시우가 바로 주먹을 날렸어요."

"시우는 서준이가 일부러 그런 게 아닌데 왜 때렸어?"

"일부러 그런 거라고 여겼어요."

"시우와 서준이 사이에 오해가 있었네. 그렇지?"

"네!"

"싸움은 사소한 오해 때문에 생겨. 우리 오해 때문에 생겼던 싸움 이야기 좀 해볼까?"

순서를 정해 한 명씩 말하도록 했더니 아이들은 그간 쌓였던 여러 가지 문제들을 털어놓았다. 각자가 그렇게 생각하는 대로 이야기하도록 두었다. 정답이 있는 일도 아니어서 무엇인가를 가르치려 하지 않았다. 대신 한 가지 제안을 했다.

"자, 이건 게임인데 절대 나보다 큰 목소리로 이야기하지 않기야. 만일 나보다 목소리가 크면 지는 거다."

"네~" 아이들이 작은 목소리로 대답했다.

"큰 목소리를 내도 좋을 장소와 적절한 목소리 크기로 말해야 할 장소를 구분해 볼까?"

"놀이터에서는 큰 목소리로 얘기해도 돼요."

나는 두 가지 크기로 말해주며 느낌을 물었다.

"애들아, 영상 보자." **"애~들~아~영상~~~보!~~자~~!!!"**

"크게 말했을 때는 화내는 것 같아요." "시끄러워요." "듣기 싫어요."

"그래, 정말 좋은 의견이구나. 토론은 누가 더 똑똑한지 내기하는 게 아니야. 누가 더 큰 목소리로 이야기하는지 경쟁하는 것도 아니야. 내 생각을 명확히 표현하는 거야. 그러려면 에티켓이 필요한데 첫째, 말할 순서를 기다려야 하고 둘째, 바른 자세와 알맞은 목소리 크기로 말해야 해. 내용은 그다음으로 중요해."

"에티켓이 뭐예요?" 서준이가 묻자, "바보야, 예의잖아. 영어도 몰라?" 은우가 핀잔을 줬다.

"에티켓은 프랑스 궁중 예법에서 비롯된 말이야. 19세기 부르주아 사교계의 예의범절이 오늘날 프랑스 에티켓의 기초가 됐어. 에티켓은 나라마다 조금 다를 수 있어. 우리 영상에서 어떤 점이 에티켓에 어긋났는지 말해볼까?"

아이들은 자기 행동을 보고서 여러 가지 문제점들을 찾아냈고, 놀이터에서는 어떻게 행동하는 게 적절한지, 에티켓에 어긋나지 않는지 의견을 묻기도 했다. 그리고 어떤 행동은 좋은 놀이로, 어떤 행동은 싸움으로 이어지는지 영상을 유심히 바라봤다.

아이들은 에티켓이라는 단어를 머리에 새기고 자신을 관찰하기 시작했다. 좀 더 배려하는 마음이 있었다면 싸움이 일어나지 않았을 거라고 자성하는 의견도 나와 대견했다.

두 번째 수업의 승리는 아이들이 차지했다. 모두에게 '예의 바른 상'으로 아이스크림을 하나씩 사주었다. 그랬더니 녀석들이 허리까지 굽혀가며 고맙다고 인사했다. 그 과장된 몸짓에 아이들과 함께 웃었다.

나는 아이들에게 이 세 가지 말은 하지 않기로 마음먹었다.
"공부해라!"
"조용히 해라!"
"싸우지 마라!"

또 다음 세 가지 말을 해주기로 했다.
"공부하기 싫을 때는 나가서 바람을 쐬고 와도 돼!"
"떠들고 싶으면 나가서 이야기하고 와도 돼!"
"싸워야 할 일이 있으면 말로 입장을 서로 이야기해봐!"

그리고 아이들에게는 교실 안에서 하지 않아야 할 행동 세 가지도 일러주었다.

'소리 지르기, 공부하는 척하기, 친구에게 싸움 걸기.'

아이들은 교실에서 해야 할 행동과 교실 밖에서 해야 할 행동을 구분하는 교육을 받지 못한 상태였다. 늘 교실 안에 '갇혀' 있었기 때문이다. 아이들은 공부해야 할지, 놀아야 할지, 애초 선택해본 적이 없었다.

아이들은 조금이라도 딴짓을 하고 싶으면 교실 밖으로 나가야 했다. 그게 번거로우니까 점차 토론에 집중했다. 규칙은 아이들과 항상 의논해 함께 정했다.

05
부끄럼쟁이가 '토론왕'이 되다.

　동혁이는 유치원 다닐 때 간단한 자기소개도 부끄러워하며 제대로 하지 못했다. 누가 이름만 크게 불러도 깜짝 놀라고 울음을 터뜨릴 정도로 소심했다. 초등학교에 입학한 후에도 마찬가지였다. 아이들 앞에서 입도 뻥긋 못하고 발끝만 바라본다고 담임교사가 연락해 오기도 했다. 책은 많이 읽지만, 저녁에 퇴근하고 들어 온 아빠가 "오늘 무슨 책을 읽었지?"라고 물어도 입을 꾹 다물었다.
　동혁이 엄마가 아영이 엄마에게 고민을 털어놓자, 아영이 엄마는 토론반을 소개했다.

"저희가 지금 1학년 4명으로 토론반을 꾸렸는데 동혁이네도 들어올래요?"

"토론반이요?"

"어른들이 생각하는 부담스러운 토론반은 아니고, 아이들이 어려서 발표 위주의 수업이에요."

"동혁이가 입을 떼지를 못하는데 토론을 할까요?" 동혁이 엄마가 걱정했다.

"말을 할지 안 할지는 보내봐야 알죠." 씩씩한 아영이 엄마가 용기를 북돋웠다.

"아영이는 토론수업 좋아해요?"

"워낙 말하기 좋아하는 애라 토론수업을 제일 좋아하죠. 책을 안 읽던 아이였는데, 토론수업 때 발표한다고 책을 많이 읽어요. 토론수업 덕분에 얻은 가장 큰 효과인 것 같아요."

"저희 동혁이도 발표력이 좀 생기면 좋겠네요. 고마워요."

"그래요, 저도 집에서 아이랑 토론을 해봤는데 자꾸 '이것도 몰라?'라는 말이 불쑥 튀어나오고 쉽지 않더라고요. 토론수업을 하려면 무엇보다 아이를 이해하는 마음이 중요하다고 하던데 전 인내심이 부족한 것 같아요." 아영이 엄마가 웃으며 집에서 시도했다가 실패한 토론 경험담까지 들려주었다.

1학년 아이 5명이 수요일 오후에 모였다. 새로운 멤버가 들어 왔으니 '자기소개'를 해보라고 했다. 아이들은 모두 신나서 자기 이야기를 했다. 동혁이는 아니나 다를까 입술을 달싹거리기만 했다. 무슨 이야기를 하는지 알아들을 수가 없었다. 나는 동혁이에게 "괜찮다"라며 안심시킨 뒤, 동혁이를 대신해 간단히 소개해주었다.

　곧이어 스케치북을 나눠주고 '자기 자신'을 그려보라고 했다. 남자아이들은 졸라맨처럼, 여자아이들은 제법 사람처럼 그렸다. 자기소개조차 제대로 하지 못한 동혁이도 그림은 그렸다.

　완성된 아이들 그림을 인터넷 사이트에서 동영상으로 변환시켜 보여주었다. AI가 사람 모습을 인식하기 때문에, 얼굴과 몸통이 제대로 연결이 안 된 경우에는 얼굴이 인식되지 않아 몸만 뛰어다니는 영상이 나왔다. 자기모습을 바나나로 표현한 아이는 바나나가 춤추는 장면이 나오자 데굴데굴 구르며 웃었다. 아이들은 깔깔거리며 동영상을 흉내 냈다. 웃음은 몸의 긴장을 풀어줘 아이들이 쉽게 말문을 열게 한다.

　이번에는 가족 소개를 해보자고 했다. 아영이가 제일 먼저 야무지게 발표하고 인사까지 했다. 동혁이는 아이들 모습을 보다가 제일 마지막에 모기만 한 목소리로 "아빠는 회사 다니시고 엄마는 병원에서 일 하십니다"라고 말하고는 얼른 앉아버렸다. 아이들이 손뼉을 쳐주자 동혁이는 쑥스러워하며 고개를 더 숙였다. 그러나 입가에 미소가 살짝 번졌다.

어떤 시간에는 가면을 만들어 쓰고, 가면 속 인물이라고 상상하며 발표하기도 했다. 만들고, 오리고, 이야기하며 아이들은 즐겁게 발표를 준비했다. 웃음이 가득한 시간이었다.

함께 달고나도 만들며 설탕이 부풀어 오르는 과정, 모양틀대로 뜯어내는 과정도 직접 해보게 했다. 아이들은 환호성을 지르며 즐겼다. 그 시간 마지막에 그날의 느낀 점을 정리해서 말하게 했다. 아이들이 충분히 즐기게 하고 그걸 이야기하며 마무리했다.

토론수업이 끝나면 피구도 했다. 입을 다무는 아이에게 몸을 움직이게 하는 것이 좋다. 아이들은 책뿐만 아니라 몸으로도 배워야 하는 시기다. 집안일을 같이 하며 협력과 배려를 배우고 운동을 하며 건전한 경쟁을 배우게 해야 한다. 내가 친구에게 내뱉은 말이 어떻게 돌아오는지도 느껴봐야 한다. 그런 감정을 정리하고 대화로 풀고 생각해보는 시간이 토론의 기초다.

토론수업이라고 해서 시작부터 끝까지 계속 무엇인가 이야기하게 하는 건, 그렇지 않아도 말하기가 힘든 아이들을 더 고통스럽게 만든다. 일상에서 느끼고, 보고, 만지고, 웃다가 그때 느낀 점들을 몇 개의 문장으로 이야기하게 해야 한다. 그래야 부담 없이 참여할 수 있다.

토론을 암기과목처럼 여겨서는 안 된다. 어떤 성과가 나기를 조급한 마음으로 기대해서는 안 된다. 그런 마음으로는 차라리 토론을 안 하는 게 낫다. 독서토론은 일상적으로, 또 아이가 자기 주도적으로 할 수 있게 해야 한다. 평소 아이의 관심사부터 질문하면 더 부드럽게 시작할 수 있다.

초등학생들에게는 독서토론보다는 '주제 토론'을 권한다. 편안한 주제를 통해 아이들은 이미 알고 있는 사실을 말하고 그 생각이 받아들여지는 경험을 하게 해줘야 한다. 토론은 외워서 준비하는 공부가 아니다. 이미 알고 있는 내용을 표현하면 된다. 표현을 통해 내가 무엇을 알고 있는지 다시 생각해보게 된다.

아동기 토론 주제는 가정 내에서 일상적으로 지켜야 하는 규칙부터 시작하는 게 좋다. 또 학교에 다녀왔을 때 어떤 감정이었는지, 어떤 일을 겪었는지 먼저 내 주위를 살피는 대화가 바로 토론의 시작이다. 절대 잔소리로 번져서는 안 된다. 아이가 설사 '숙제를 안 하고 사는 바보'가 되겠다고 선언을 해도 그렇게 해보라고 허용해야 한다.

온실처럼 완벽한 엄마의 보호는 아이가 다양한 감정 경험을 할 수 없게 하고, 아이들은 책을 읽어도 공감하기 힘들다. 예를 들어 헤르만 헤세의 《수레바퀴 밑에서》를 읽히고 싶어서 아무리 삽화를 넣고 글씨를 크게 해서 책을 만들어도 8살 아이는 주인공의 감정을 이해하기 어렵다. 책 속 주인공의 감정은 유사한 경험이 있어야 제대로 이해할 수 있기 때문이다.

경험이 적은 아이들에게 생각이나 감정을 강요하면 학년이 올라갈

수록 책 뒤에 수록되어있는 감상평만 뒤적이게 된다. 공상은 경험과 무관하게 펼칠 수 있지만, 개연성 있는 상상은 경험이 중요한 역할을 한다.

 시간이 지나 맞은 학교 발표 시간. 동혁이는 침을 꿀꺽 삼켰다. 가슴이 두근거렸다. 두려워하지는 않았다. 심장은 원래 뛰는 것인데 긴장하면 박동이 느껴질 뿐이라고 했다. 심장은 이상이 없다고 상기하며 심호흡을 했다.

 동혁이는 토론반 친구들과 웃었던 기억을 떠올렸다. 달고나 냄새도 솔솔 나는 것 같았다. 그러자 말이 술술 나왔다. 늘 두 문장 이상 말하기가 힘들었는데, 그날은 아는 것을 또박또박 말하고 마지막에는 수업시간에 배운 대로 인사까지 하고 자리로 돌아왔다. 아이들이 손뼉을 쳤고 담임선생님은 발표왕 스티커를 가슴에 붙여 주었다. 동혁이는 더 이상 말 못 하는 아이가 아니었다.

 어떤 아이도 단계만 잘 밟으면 '토론왕'이 될 수 있다. 토론수업의 1단계는 환경 조성이다. 편안하게 대화할 수 있는 곳이 필요하다. 2단계는 아이가 가지고 있는 감정과 생각을 말하고 받아들여지는 경험을 하게 해야 한다. 3단계는 토론 주제를 사회적 이슈와 연계하고, 4단계는 역사와 연결하며, 마지막 단계에서는 문학작품을 다루면 좋다.

가정에서 1, 2단계까지 잘 형성된 아이는 전문적인 토론수업에 참가했을 때 실력을 발휘한다. 가정에서 하는 일상적 토론만큼 좋은 건 없다.

토론수업에서 **빼놓을 수 없는** 중요한 요소는 배경지식이다. 배경지식이 없으면 토론에서 남의 의견을 외워서 되뇌는 것밖에 할 수 없다. 토론은 수도 없이 본인 생각을 말해보고, 남의 의견을 들어보며 조율하는 사고와 언어 습관을 들이게 해준다. 토론 과정에서 궁금했던 부분이 있으면 기록해뒀다가 책에서 함께 찾아 확인해봐야 한다. 그게 토론을 제대로 마무리를 짓는 방법이다.

06
토론은 IB의 핵심 교육방식이다

대구의 IB(International Baccalaureate 국제 바칼로레아) 지정 학교가 2021년 3월부터 운영되자 학부모들 사이에서 관심이 폭발했다. 일부 국제학교와 외국어고등학교에서만 실시하던 IB가 공교육 영역에 도입됐기 때문이다. IB는 그동안 비싼 교육시스템으로 여겨졌다.

IB는 스위스에 본부를 둔 비영리 교육재단인 IB본부(International Baccalaureate Organization)가 개발, 운영하는 국제 인증 학교 교육 프로그램이다. 2021년 기준으로 세계 161개국 5,464교에서 채택했다.

IB가 높이 평가받는 까닭은 무엇 때문일까. 또 무엇을 추구하는가. 사명문을 보면 알 수 있다.

"IB의 목표는 서로 다른 문화를 이해하고 존중하며, 더 나은 평화로운 세상을 실현하는데 기여할 수 있는, 지식이 풍부하고 탐구심과 배려심이 많은 청소년을 기르는 것입니다. 이를 위해 본 기관은 학교, 정부 및 국제기구와 협력하여 국제적 수준의 교육과 엄격한 평가 시스템을 갖춘 도전적인 교육 프로그램을 개발하고 있습니다. IB 프로그램은 전 세계 학생들이 적극적이고 공감할 줄 알며, 서로 다름을 이해하고 존중하는 평생 학습자가 될 것을 장려합니다."

교육은 학생 스스로 지식을 습득하고, 토론과 발표 등을 통한 의사소통과 협업을 토대로 창의력을 키울 수 있도록 이뤄진다.

요약하면, 서로 다른 문화와 생각을 이해하고 존중하는 게 IB 교육의 특징이다. 또 자기 주도적으로 학습하며, 창의적 사고로 토론하게 하는 교육방식을 택하고 있다.

이런 교육방식이어야 4차 산업혁명 시대에 필요한 창의력과 비판적 사고력을 갖춘 인재를 양성할 수 있다는 주장이 있다.

구체적으로 대구교육청은 기존에는 '집어넣는' '결과를 가르치는' '문제해결력' '지식소비자' '현존 직업 취업'을 중시하는 교육이 이뤄졌다고 평가했다. 이를 IB를 통해 '꺼내는' '과정을 가르치는' '문제발굴력' '지식생산자' '미래 직업 창출 역량'을 키우는 교육으로 바꾸겠다고 밝히고 있다.

"언니, 언니, IB교육 때문에 지금 난리 났어요. 근데 언니는 IB교육 받지 않았나요?"

반대표 엄마인 수경 씨가 헐레벌떡 뛰어와 갑자기 물었다. 속사포처럼 빠른 말의 속도에 하이톤 목소리여서 무슨 이야기를 하는지 집중해서 들어야 했다.

"나는 IB코스로 공부하지 않았는데요?"

"에이, 언니 프랑스에서 공부했잖아요. 프랑스에 바칼로레아가 있고⋯⋯ 그럼 언니가 제일 비슷하네요."

"무슨 소리예요?"

"그동안은 창의성 교육을 한다면서 제대로 된 방법이 없었대요. 그런데 IB는 체계적으로 미래형 인재를 키운다는데 우리가 다 주입식 교육을 받아서 이끌어 줄 사람이 없어요. 정규교육은 못 받아도 사교육으로라도 받게 하고 싶은데요. 언니가 수업 좀 해줘요. 애들은 내가 데리고 올게요."

"어휴~, 어차피 수능 볼 건데⋯⋯ 그거 또 사교육이잖아요. 그런 걸 왜 해요? 그냥 놀게 하면 되는데⋯⋯"

"안 돼요. 다른 반은 벌써 재희 엄마를 주축으로 영재반 준비팀 꾸렸어요. 우리도 뭔가 해야 하는데, 우리는 IB식 토론반 만들어요."

"사람들이 학교 공부에 도움 안 된다고 할 텐데⋯⋯ 할 사람이 있을까요?"

"재희 엄마가 팀을 꾸려서 다른 애들은 들어오지도 못하게 한대요"

"그렇구나. 난 애 뭐 안 시키는 거 알잖아요."

"그러니까 언니, 안 시켜도 잘하는 비결이 IB식 교육이라고 소문이 났는데…… 우리도 팀 짜요."

"글쎄…… 우리 애는 잘하는 것도 없고 내가 공부 자체에 그렇게 목을 안 매요."

"에이, 무슨 소리예요. 안 시켜도 잘하는 비결 좀 나눠요."

"안 시키고 못 해도 행복한 팀 꾸린다면 생각해볼게요."

"됐다. 언니는 수업만 해주면 돼요. 나머지 일은 저희가 다 할 테니까요."

그동안 입시, 성적 위주의 수업을 하다가 IB식 토론수업을 제안받아서 속으로 좋아했다. 또 교육에 대한 인식변화에 새삼 놀랐다. 드디어 우리나라에서 자유로운 융합수업의 시대가 열린다는 말인가. 이웃끼리 하는 것이니 큰 부담도 없고 아이들도 같이 어울려 놀게 할 겸 얼떨결에 약속을 해버렸다.

IB가 교육방식으로 중시하는 토론수업은 어릴 때 즐길수록 그 효과가 증폭된다. 창의성 교육에 좋다. 기존 창의성 교육은 본래 취지에서 벗어나 영재들에게 국한되었고 선행학습, 일류대 진학에 활용됐다. IB에서 말하는 창의성은 문화적 뿌리부터 차원이 다르다. IB 토론수업은 '똘레랑스' 없이는 불가능하다. 사명서에 똘레랑스 가치가 고스란히 담겨있다. '서로 다른 문화를 이해하고 존중하고 더 나은 평화로운 세상을 실현하는 데 기여할 배려심이 많은 청소년'이란 표현은 똘레랑스 가치를 실천하는 청소년이라고 해석할 수 있다.

"우리는 알고 있다는 것을 어떻게 아는가?" IB 고등교육과정 중 필수 프로그램인 지식론의 핵심 질문이다. 기존 교육으로는 해결할 수 없는 이 난제를 IB교육을 받은 아이들은 어렵지 않게 답할 수 있다.

 이유는 실패를 통해 자기가 자신의 힘으로 알아낼 때까지 기다려 주는 교육시스템 덕분이다. 결과가 아니라 과정을 평가한다. 답을 찾지 못해도 괜찮다. 하지만 답을 알아내려고 어떤 노력을 했는지 증명해야 한다.

 일반 중고등학교에서도 학생들의 창의력을 키우려고 유사한 평가를 하지만, 실효적이지는 않은 듯하다. 일부 아이들은 창의적 답을 알려주는 과외도 받는다. 생각하기가 싫어서…… 대입 시험과 상관없고 시간만 뺏기니 빨리 문제 풀어서 한 문제라도 더 맞히는 게 낫다고 여긴다. 아이들이 이렇게 생각하는 것을 나무랄 수는 없다.

 IB는 주제를 놓고 다양한 교과목을 원하는 대로 공부할 수 있어서 자기 주도성을 키울 수 있게 해준다. 어떤 아이도 "뭘 공부해야 하나요?"라고 묻지 않는다. 스스로 한 공부는 좋아하는 분야 지식을 더욱 튼튼히 다질 수 있게 하며, 앞으로 자기가 좋아하는 일을 찾는 데 도움이 된다.

진짜 토론을 경험하게 하려면 형식에 연연하지 말고 오래도록 고민하고 답을 찾도록 해주어야 한다. 토론하면 인격이 드러나서 스스로 다듬으려 애쓰고, 궁금한 점을 해결하려고 자료를 찾아야 하고, 서로 협동하는 사회성을 발휘해야 한다. 어떤 의미에서 보면 토론은 진정한 교육법이다.

간혹 엄마들이 "저희 아이는 아는 게 없어서 토론을 못 할 거예요"라고 말하는데, 잘못된 생각이다. 토론에 참여해 놀다 보면 한마디씩 하게 되고, 그러다 보면 독서를 하게 된다. 토론은 독서를 많이 한 아이가 자랑하러 오는 곳이 결코 아니다. 토론장은 성장 놀이터다.

IB PYP(Primary Years Program 초등교과과정)에서는 아이들이 자신과 세상을 이해하는 데 도움이 되는 주제를 다룬다. 또 실생활과 연계된 지식을 이해하고 연결하는 탐구활동을 하도록 한다. 실제 환경과 연관된 주제, 이야기를 다루는 게 가장 효과적이어서 개개인의 경험과 배경의 다양성을 중요하게 여긴다.

토론을 통해 아이들이 서로 어떻게 다른지, 왜 다른지, 어떤 경험을 했을 때 자신은 어떻게 변했는지, 자신이 변한 계기가 있는지, 성장과 환경이 관련이 있는지, 충분히 반복해서 이야기할 수 있게 해준다. 자신의 자존감과 정체성이 무엇과 관련이 있는지, 내가 되고 싶은 인간상이 있는지, 그렇게 되려면 어떻게 해야 하는지 이야기하다 보면 모두가 자신과 가장 어울리고 적합한 모델을 찾게 한다.

아지트에서 중학생 글쓰기에서 그런 면을 실제로 확인할 수 있었다. "인종, 지리, 자원은 국가의 부를 결정하는 데 있어 얼마나 영향을 줄까?"라는 질문보다는 "내 인생에 영향을 미치는 요인은 사회적 제도, 배경, 학벌, 노력, 인성 중 어떠한 것이라고 생각하는가?"라는 물음에 관한 글을 더 집중해서 쓴 것으로 나타났다. 또한 "공부 열심히 해라!"라는 조언보다 "능률적인 학습에 대한 개인적 경험을 발표하세요"라는 말이 아이들의 생각을 더 잘 끌어냈다.

토론수업은 어떤 문제에 관해 자기 생각을 끌어내 주려고 한다. 자기 생각은 시간에 맞춰 나오지 않는다. 지극히 개별적이다. 자기 생각은 또 억압적, 지시적 분위기에서는 나오지 않는다.

그래서 어린이들의 토론수업은 참여하는 자세로만 평가할 수 있을 뿐 결과를 평가할 수는 없다. 린아는 순발력이 좋아서 어떤 문제든 자기 생각을 빠르게 척척 대답한다. 느림보 준우는 생각하는 데 시간도 오래 걸리고 자기 생각이 완전히 마음에 들 때까지 입을 떼지 않는다. 이렇듯 아이들의 성향은 제각각이다. 아이들이 자기가 어떤 성향인지 파악할 수 있게 하고 그에 맞춰 조언해 주어야 한다. 또 자기 생각이 느리게 나오더라도 자신감을 잃지 않고 여유롭게 즐길 수 있게 기다려주어야 한다.

  토론은 더 나은 의견을 내어 상대를 이기는 게임이 아니다. 상대를 이해하고 배려하는 게 토론할 때 지켜야 할 기본자세다. 말로 생각을 나누고, 행복을 느끼며, 지적 호기심을 충족시키고, 이러한 지식을 타인을 위해 사용할 수 있는 인재로 키우는 데 토론의 의의가 있다.

  토론은 평화롭고 자유로운 분위기에서 즐겨야 한다. 궁극적으로는 타인을 통해 자기 자신을 이해하려 노력해야 한다. 토론에서 문제의 해답을 찾지 못할 수도 있다. 내가 그 문제를 어떻게 생각하는지 느낌으로써 나 자신이 어떤 사람인지 알게 된다. 나를 제대로 이해하는 사람은 자기조절능력이 생기고, 결과적으로 좋은 인격을 갖춘 어른으로 성장할 수 있다. 토론의 힘 중 하나다. IB를 주목하는 까닭이다.

3장

얽매이지 않는 토론

tolérance
lecture
débat

01
토론수업에 시켜서 하는 준비는 필요없다

"그냥 와! 준비하지 말고……"

"발표하려면 준비해야죠."

"와서 생각해도 돼! 다음 시간에는 즉석에서 주제를 줄 거야."

"그래도 힌트를 조금만 주세요."

"안 돼. 또 공부해 올 거잖아."

"그냥 궁금해서 그래요."

"다음 시간 주제는 《맨큐의 경제학》이야. 절대 책 읽어오지 마. 너희들 읽을 수준의 책도 아니니까……"

예주는 수첩을 꺼내 얼른 책 제목을 적었다.

나와 아이들의 흔한 실랑이 모습이다. 믿기는가. 보통 학생들이 공부하기 싫다고 하지 않는가. 가르치는 사람이 제발 예습해 오지 말라고 사정하다니…… 토론할 때 미리 준비하지 않아도 질문할 수 있다. 열심히 생각하면 토론의 흐름을 좇으며 묻고 답할 수 있다.

예주처럼 호기심이 왕성하고 공부하려는 아이들은 말릴 재간이 없다. 예주를 말린 것은 진짜 책을 읽어오지 않기를 바라서가 아니다. 공부는 교사의 지시로 하는 게 아니라 스스로 선택해서 하는 것임을 알려 주고 싶기 때문이었다. 예습이나 복습도 자기가 알아서 해야 한다. 아이들은 '자유 의지'로 공부해야 한다.

같은 우등생인데도 수연이는 숙제라면 질색한다. 수연이는 너무 많은 학원 스케줄을 소화해 내느라 몸과 뇌가 지쳐있다. 놀이시간이 절대 부족하다. 엄마는 수연이가 스스로 공부를 안 한다고 학원을 보낸다. 스스로 공부하도록 시간을 주기는 했는지 묻고 싶다. 오늘 하루 놀았다고 내일 당장 학원에 등록해서는 안 된다.

아이들의 토론 주제는 신채호의 《조선상고사》, 칸트의 《순수 이성 비판》, 베르그송의 《창조적 진화》 등이다. 제목만 보면 입이 떠억 벌어지지만, 아이들에게 이론을 가르치지는 않는다. 예를 들어 《순수 이성 비판》의 핵심 질문은 세 가지다.

첫째, "나는 무엇을 알 수 있는가?"

둘째, "나는 무엇을 해야 하는가?"

셋째, "나는 무엇을 바랄 수 있는가?"

저학년 아이들은 이를 그림으로 표현하게 한다. 아이들은 자신이 생각하는 모습을 그림으로 그려서 발표한다. 아이들은 어른이 생각하는 것보다 자신을 잘 알고 있다.

주한이는 얼굴이 빨간 아이가 배낭을 메고 가는 모습을 그렸다.

"저는 여행을 해야 무엇을 알 수 있다고 생각해요. 그래서 저는 어디론가 떠나는 모습을 그렸어요. 참, 저는 만화가가 되고 싶어요. 그런데 제가 부끄러움이 많아서 얼굴을 빨갛게 그렸어요."

세영이는 빙하 위를 어슬렁거리는 북극곰을 그렸다.

"저는 환경이 파괴되고 있어서 환경을 보호해야 한다고 생각해요. 저는 북극곰이 죽지 않았으면 좋겠어요."

태성이는 온통 검은색으로 낙서하듯 그렸다.

"저는 알고 싶은 게 없고, 하고 싶은 게 없고, 바라는 것이 없어요. 이건 블랙홀이에요."

아이들이 킥킥거렸고, 태성이는 내 반응을 살폈다. 나는 모두 잘 설명했다고 칭찬해주었다.

"살아가면서 이 세 가지 의문을 가지고 자신만의 답을 찾아야 한다고 칸트는 말했어. 칸트에 대해 알고 있는 사람?"

"매일 정해진 시간에 산책하는 사람이요." 주한이가 지식을 뽐냈다.

"저는 처음 들어봐요." 태성이는 솔직했다.

"칸트는 독일의 철학자야. 칸트는 국가와 국가 사이에 법이 있어야 한다고 했어. 국가 간 법이 없으면 어떻게 돼?"

"전쟁이 나요." 예주가 정답을 맞혔다.

"그래, 마찬가지로 학교에 교칙이 없으면 어떻게 될까?"

"학교에 점심시간이 돼서 가고 운동장에서 놀기만 할 수 있어요." 태성이는 상상만으로도 신나는지 빙그레 웃었다.

"무법천지가 되면 어떤 일이 벌어질까?"

"각자 하고 싶은 대로 하니까 엉망이 돼요." 세영이는 순발력이 좋았다.

"소통이 전혀 안 돼요. 비행기도 못 타요." 주한이도 뒤지지 않았다.

"사람들은 왜 규칙을 만들어서 지킬까?"

"……" 아이들이 생각에 잠겼다.

"국가와 국가 간에도 규칙이 있고, 사람과 사람 사이에도 규칙이 있지. 나와 내가 만든 규칙도 있어. 이런 규칙들은 왜 만드는 거지?" 조금 더 구체적으로 물었다.

"규칙이 있어야 좋은 사회를 만들 수 있으니까요."

"좋은 사회란 시대마다 다를까? 같을까?"

"같아요."

"어떤 사회인데?"

"좋은 아파트에 좋은 차를 타고 좋은 대학에 가는 거요."

"아파트가 없던 18세기에는 어떤 사회가 좋은 사회였을까?"

"그러게요? 큰 집? 자동차도 없으니까 좋은 마차가 있어야 하나요?"

"그렇다면 미래에는 어떤 사회가 좋은 사회일까?"

"뭘 가져야 좋을까?" 태성이가 세영이에게 물었다.

"꼭 가져야만 좋은 건 아닌 것 같은데 …… 뭘 할 때 우리가 좋았지?" 예주가 곰곰이 생각했다.

"나는 친구랑 놀 때가 제일 좋은데." 태성이가 말했다.

"그럼 좋은 사회는 좋은 친구가 있는 사회인가?" 세영이가 이야기를 진전시켰다.

"좋은 친구는 뭐지?"

"안 싸우는 사이."

"어…… 아까 전쟁이랑 비슷하다. 안 싸우는 사이."

"좋은 사회란 서로 사이좋게 사는 사회인가 봐."

아이들은 이내 저희끼리 많은 생각을 공유했다. 경험치만큼 생각하도록 됐다. 실타래가 풀리듯 아이들이 직접 풀어나가는 생각은 자기 것이 된다.

"사람은 서로의 이익이 훼손되지 않도록 법을 만들어서 지켜나가고 있어. 법이 없다면 인간의 본성만으로는 사이좋게 지내기가 힘들다고 칸트는 생각했어. 너희들은 법 없이 사이좋게 살 수 있다고 생각해?" 아이들에게 다시 생각거리를 던졌다.

"우리는 법을 잘 모르지만 살아가잖아요. 그러니까 법이 없어도 된다고 생각해요."

"저는 법은 무조건 있어야 한다고 생각해요. 법은 약자를 보호하니까요."

"예주와 세영이가 생각이 다르니까 정말 흥미롭네. 각자 이유를 이야기해볼까?"

토론수업은 시간 가는 줄 모르고 이루어졌다. 지식을 확인하는 수업이 아니라 생각을 주고받는 수업이기 때문이었다. 아이들은 자유롭게 생각만 끌어내면 된다. 토론수업을 앞두고 지식을 조사해오라고 하면 아이들은 생각을 놓친다. 아이들이 생각을 전개하며 자기 주도적으로 토론에 참여하는 게 진정한 공부다. 지식을 외우는 건 공부가 아니다. 스스로 생각을 좇아가며 훈련하고 습관을 들이면 학부모들이 중요하게 생각하는 자기 주도성이 생긴다. 거기까지 가는 데 시간이 걸린다. 조급해서는 자기 주도성을 확보할 수 없다. 부모가 포기하지 않고 견뎌내야 자기 주도형 아이로 키울 수 있다.

자기 주도성은 부모가 얼마나 인내하느냐에서 성패가 갈린다. 참고 견디면 자기 주도성을 확립할 수 있다.

02
주제 없이 하는 토론으로 사고력 키운다

"애들아, 창밖을 봐. 오늘 날씨가 어때?"

중학교 교사 마들린(Madeline)이 아이들에게 인사처럼 말을 건넸다.

"날씨가 좋아요."

"햇빛이 쨍쨍해요."

"구름은 어떤 모양이지?" 마들린이 물었다.

"웅크린 고양이 모양이요."

"찢어진 우산이요."

"구름은 모양과 밑면의 고도에 따라 10가지로 분류된단다." 마들린은 지구과학 시간처럼 기상과 구름을 설명했다. 조금 어려운 이야기에 아이들의 집중력이 떨어지자 마들린은 분위기를 바꿨다.

"누구 기상캐스터가 되어 볼 사람?"

장(Jean)이 손을 번쩍 들었다. 장은 세계의 날씨가 나온 인터넷 페이지를 열고 기상캐스터처럼 설명했다. 아이들이 다시 흥미를 갖고 장에게 시선을 모았다.

"지역마다 왜 날씨가 달라요? 기후와 날씨는 어떻게 다른가요?" 미셸(Michelle)의 질문으로 수업은 지리 시간으로 자연스럽게 넘어갔.

"기후는 나라의 문화나 경제력에 영향을 미치나요?" 클라라(Clara)는 사회 수업 시간에 다룰 질문을 던졌다.

마들린은 아이들에게 각 나라의 모습을 조사해 그려보라고 했다. 미술 시간이 되는 듯했다. 프랑스, 중국, 인도, 러시아, 알제리 등 다양한 국가의 모습이 담겼다. 그 그림을 보면서 나라마다 다른 제도, 그것이 국가의 경제력에 어떤 영향을 미쳤는지를 이야기했다. 정답은 없었다. 생각을 주고받으며 서로 퍼즐 맞추듯이 대화로 이어 나갔다.

마들린은 전반적으로 아이들의 참여도, 말하는 자세를 평가했다. 구름의 종류를 제대로 외웠는지, 그림을 잘 그렸는지를 따져 점수를 매기지는 않았다. 프랑스에는 한국의 중간·기말고사 같은 시험을 따로 보지는 않는다. 평소 수업 시간에 작은 테스트를 하며 기본지식을 평가한다. 테스트는 주관식이기 때문에 아이들은 숙제하려고 도서관에서 자료를 찾고 글을 쓰곤 한다.

프랑스 아이들은 교사의 질문에만 답하지 않는다. 수업 시간에 교사의 강의만 들으며, 수동적으로 뭔가를 배우지 않는다. 수업에 참여해 적극적으로 의견을 제시해 수업을 이끌어간다. 기본적으로 말하는 데 부담을 느끼지 않는다. 스스로 공부하며 느낀 점을 서슴없이 말한다. 수업 과정을 평가받기 때문에 수업에 적극적으로 참여하고, 수업을 주도한다.

평가에 교사의 주관이 개입할 수 있지만, '평가의 공정성'에 의문을 품지 않는다. 한국에서는 누가 몇 개를 맞추었는가로 평가하는 게 공정하다고 생각한다. 그러다 보니 누가 남다른 생각을 했는지 평가하기가 어렵다. 반면 프랑스에서는 누가 몇 개를 맞추었는가를 평가하는 건 공정하지 않다고 생각한다. 그런 평가방식은 불필요한 경쟁을 만들고 서로 다른 생각을 하는 걸 방해한다고 여긴다.

그날 아지트 초등학생 수업 주제는 '지구'였다. 아무런 제한과 제약 없이 자유롭게 준비해 발표하기로 했다.

수지는 지구를 그리기로 했다. 미술 재료를 사려고 문구점에 갔다. 사인펜, 색연필, 반짝이 가루, 스티커 등 여러 재료를 살펴보았다. 그림을 그릴 장소도 찾았다. 재료들의 가격이 얼마인지도 살폈다.

한결이는 각 대륙의 자연환경 차이를 조사해 PPT를 만들 작정이었다. 그래서 컴퓨터를 켰다.

지현이는 지구 환경보호 캠페인 노래를 작곡할 생각이었다. 그래서 오선지를 들고 피아노 학원에 갔다.

예희는 클레이로 지구본을 만들 계획이었다. 아주 커다란 지구본을 만들고 그것을 꾸밀 자연 재료를 찾으러 공원으로 갔다.

산이는 도서관에 갔다. '지구'라는 제목이 들어간 책들은 어떤 종류가 얼마나 있는지 조사해볼 요량이었다.

그렇게 각자 자신이 원하는 내용과 방식으로 발표하기로 했다. 아이들은 그걸 준비하며 나름대로 생각하고 고민하고 연구하며 자료를 만들어 나갔다. 아이들은 다음 발표 시간에 사회는 누가 보고, 어떤 순서로 진행할지도 의논했다. 나는 '지구'라는 주제를 주었을 뿐이었다. 수업은 아이들이 실질적으로 이끌었다.

한국의 역사 수업은 항상 구석기에서 시작한다. 토기와 도구 이름을 외워야 한다. 국가마다 왕의 묘호와 치적도 암기해야 한다. 역사 암기력은 스마트폰이 나오기 전에는 확실히 도움 됐다. 암기한 역사 연도는 시험을 보고 나면 효용이 없다. 외우느라 고생은 했는데 무용지물이 된다.

프랑스는 왜 역사를 연도별로 외우고 시험 보지 않을까. 암기력보다 생각하는 능력을 중시하기 때문이다. 프랑스 아이들은 시험 볼 때 전자계산기를 사용한다. 덧셈, 뺄셈 등은 원리를 아는 게 중요하고, 그 원리를 이해한다면 굳이 일일이 계산하는 능력을 평가할 필요가 없다고 여긴다. "연산을 많이 하면 머리가 좋아진다"라는 말이 있지만, 거짓말이다. 연산을 많이 하면 숙련되어 속도가 빨라지고 정확도가 올라갈 수는 있다. 그렇다고 머리가 좋아지지는 않는다. 기계를 이길 수는 없다. 프랑스는 수업 시간에 학생들이 생각하는 법을 배우게 하려 한다. 사고력은 남이 하지 않은 일을 할 수 있게 하기 때문이다.

다음은 아지트에서 중학생 수업을 할 때 '주제' 없이 토론했던 내용을 간추린 것이다.

"왜 많은 드라마 속 남자 주인공은 부자고 멋있는 반면 여자는 가난하고 도움을 받는 역할인 거야?" 지영이가 먼저 물었다.

"신데렐라 동화 속에서도 왕자님이 신데렐라를 구해주잖아."

"콩쥐 팥쥐도 마찬가지야."

"현실에서도 그렇게 되면 여자들이 왕자님을 기다리게 되지 않을까?"

"현실이 그렇지 않으니 드라마나 동화 속에서 잠시 꿈을 꾸는 거지."

"내가 즐겨보는 웹툰도 키 큰 남학생이 못생긴 여자애와 사귀는 내용이야."

"소설이 귀족 여성들을 위해서 처음 만들어졌대. 18세기에는 결혼 후 아이를 낳고 나면 남편과 소원하게 지내는 여성이 많았고, 귀족 여성은 살림해주는 하녀와 아이를 키워주는 유모가 따로 있어서 주로 수를 놓거나 소설을 보며 지냈잖아. 그러니 그 여성들의 기분을 맞춰주는 이야기가 나온 게 아닐까."

"지금은 시대가 바뀌었는데도 여전히 신데렐라 류 이야기가 인기 있는 것이 신기해."

"점점 없어지지 않을까? 이제 결혼할 때 남자가 집을 해오고 여자가 혼수를 하는 문화도 없어졌잖아."

"그래도 남자의 경제력은 여전히 중요하게 여기는 것 같아. 여자의 경제력보다……"

"그렇지도 않아. 전업주부보다는 일하는 여성이 더 많은 것 같아."

"경제력과 출산율은 상관이 있을까?"

"여기 도표를 보면 국가 경제력과 출산율은 상관이 없고 사회 복지와 관련이 있어 보여."

"프랑스는 우리나라보다 출산율이 높잖아."

"아프리카도 출산율이 높아."

"그건 가족 계획을 하지 않고 아이를 키우는 교육 비용을 고려하지 않아 서지."

"그럼 우리나라 출산율은 복지만으로 높일 수 있는 게 아니고 아이 양육비용에 대한 부담도 줄여야겠네."

"양육비용을 줄이려면 어떻게 해야 하지?"

"그건 정말 어려운 문제 같아. 우리가 어른이 되면 어떻게 해결해야 할까?"

"양육비에서 가장 높게 차지하는 항목이 사교육비야."

"왜 우리는 교육에 투자를 많이 할까?"

"엄마가 그러는데 국적은 바꿀 수 있어도 학벌은 바꿀 수 없대. 처음 들어간 대학이 평생 꼬리표라고 했어."

"프랑스처럼 대학을 평준화한다면?"

"그럼 애들이 공부하겠어?"

"대학 졸업 시험을 두는 거지. 대학생이 놀지 못하도록."

"그거 좋은 방법이네."

"대학 입시에 대한 부담이 줄어들면 우리도 중학교 때 다른 특별활동과 독서를 더 많이 할 수 있을 것 같은데."

"넌 게임만 하는 거 아냐?"

"게임은 대체 왜 만든 거야? 나도 벗어나기가 힘들어."

"원숭이 눈앞에 바나나를 두고 먹지 말라는 것과 같잖아. 애초에 만들지를 말지."

"돈이 되는데 어떻게 안 만들겠어. 술과 담배도 나쁘다면서 만들잖아."

"맞아, 주류세와 담뱃세로 거두어들이는 돈이 많으니까."

"우리나라 세금은 어디에 다 쓰는 거야? 도대체?"

"국방비가 차지하는 비용이 클 것 같은데."

아이들의 이야기는 꼬리를 물고 가지를 쳐나갔다. 한 주제에 머물지 않았다. 사회, 경제, 정치, 문화를 넘나들며 이야기가 끊이지 않았다. 그러는 동안 서로 모르는 부분도 알게 되고 남녀의 견해 차이에 대한 이해도도 깊어졌다. 이 아이들이 처음부터 이렇게 대화를 나누었던 것은 아니다. 오랫동안 독서하고, 말하기를 통해 지식을 쌓았기에 궁금증도 생기고 이유도 '스.스.로.' 찾아 나갈 수 있게 됐다.

03
토론수업은 변화를 이끌어낸다

아지트 초등부 토론수업 시간이었다. 토론 제목은 '행복은 관념이 아니라 경험이다'였다. 각자 경험한 '행복'을 이야기해보기로 했다.

아이들은 행복했던 경험을 하나씩 이야기했다. 외할아버지댁에 갔던 기억, 포근한 이불, 평온함, 100점 시험지, 뮤지컬 연습, 친구랑 놀았던 기억……

아이들은 행복을 이야기하고 있었지만, 표정은 그다지 행복해 보이지 않았다. 얼굴 근육이 굳어있었다. 수업이어서 부담감을 느끼는 듯했다. 그래서 다시 제안했다. 발표 도중 청중과 질문을 주고받으며, 다시 말해 더 소통하며 편안하게 이야기해보자고 권했다. '내가 하고 싶은 이야기'만 쏟아내지 말고, '타인을 배려해 말하기'를 해보자고 유도했다.

그랬더니 우진이는 "내가 외할아버지댁에서 낙지를 먹는데 입안에서 낙지가 꿈틀거리는 거예요. 너희들도 낙지 먹어봤니? 근데 식당 아저씨가……"라며 몸짓을 섞어 말하니 아이들이 하나둘 킥킥거리기 시작했다. 우진이는 처음에는 "차를 타고 외할아버지댁에 갔을 때 행복했어요"라고 밋밋하게 말했다.

은아는 이불이 좋다고 했었는데, "겨울에 텔레비전 틀고 귤 까먹으며 포근한 이불 속에 몸을 뒹굴뒹굴……"이라고 말하며 표정과 몸짓으로 느낌을 전하자 아이들이 또 웃기 시작했다.

토론은 내 생각을 일방적으로 말하는 데서 그쳐서는 안 된다. 토론은 얼마나 전달력 있게 표현하는가, 상대방의 감정을 읽어내는가, 타인의 시선으로 나를 되돌아볼 수 있는가를 생각해 보는 일이다. 소통하며 자신의 의견을 말하면서 아이들은 그런 걸 깨달은 듯했다. 그래서 토론할 때는 의견을 말하기 전에 상대방은 어떻게 생각하고 반응할지, 나는 상대방을 어떻게 배려할지 생각해야 한다.

8명의 아이가 돌아가며 말할 때마다 모두 웃었다. 말을 시작할 때 시선을 사로잡고 주의를 집중시키려면 어떻게 해야 하는지, 하고 싶은 말을 어떻게 한 줄로 요약해서 강조할 수 있는지 배웠다. 발표자의 전달력이 좋아지니 듣는 아이들도 적극적으로 반응했다. 발표하는 아이의 표정도 덩달아 밝아지고 목소리 톤이 올라갔다. 이처럼 토론은 상대의 반응을 공감하고 소통할 수 있게 해준다.

아이들은 토론을 통해 상대방을 이해하는 법을 배울 수 있다. 상대방 반응을 읽고 이해하면 인간관계에서 갈등이 줄어든다. 토론을 잘 배운 아이들은 갈등을 잘 풀어나간다. 토론의 목적은 상대방을 논리적으로 이기고 꺾는 데 있지 않다. 토론은 설득하려고 한다. 누군가를 설득하려면 상대방 마음을 읽을 줄 알아야 한다. 그래야 상대방 마음을 움직일 수 있다. 아무리 유창하게 말을 잘해도 상대방의 마음을 읽지 못하면 움직일 수 없다.

경철이는 50분 수업 시간 동안 화장실을 3번쯤 간다. 처음에는 아이니까 쉬는 시간에 화장실을 미리 다녀오지 못할 수도 있다고 여겨서 대수롭지 않게 넘어갔는데, 수업이 끝나기 5분 전에 또 화장실을 가겠다고 하길래 "조금만 참았다고 수업 끝나고 가렴……"이라고 말했다. 경철이는 시무룩한 얼굴로 제자리에 앉았다. 그날 저녁 경철이 엄마로부터 연락이 왔다.

경철이 엄마는 아이가 집에 오자마자 화장실이 급한데 선생님이 못 가게 했다며 가방을 던지고 소리를 질렀다고 말했다. 또 경철이가 마치 심한 학대를 받은 것처럼 '난동'을 부렸다며 왜 화장실을 못 가게 했냐고 조심스럽게 물었다. 나는 경철이가 화장실을 다녀온 지 10분밖에 되지 않았고 딱히 용변이 급해 보이지는 않았다고 답했다. 경철이 엄마는 "우리 아이는 화장실을 자주 가는 습관이 있으니 가겠다고 하면 언제든지 보내주세요"라고 매우 미안해하며 부탁했다. 나는 아이의 개별적 상황을 고려해달라는 엄마의 부탁을 충분히 이해했다.

다음번 수업 시간에 경철이는 의기양양하게 화장실을 들락거렸다. 나는 매번 "경철아, 수업 시작 전에 화장실을 꼭 한 번 미리 다녀와!"라고 일깨우며 화장실을 보내주었다. 매번 이런 식이어서는 안 된다는 생각에 경철이와 이야기를 나눠봤다.

"경철아, 너 진짜 소변 마려워?"

"네."

"음…… 놀 때는 화장실 자주 안 가지?"

"네!!" 아이답게 순수하고 씩씩하게 대답했다.

"그렇다면 선생님 생각에는 공부하기 싫을 때 화장실을 가는 것 같은데?"

경철이는 고개를 숙였다.

"선생님도 어릴 때 그랬거든. 공부하기 싫으면 물 마시고 또 화장실 가고. 그런데 이렇게 한 번 해볼까? 화장실을 가는 대신 공부 집중력이 떨어지면 복도를 한 바퀴 돌고 그냥 들어와."

"정말 그래도 돼요?"

"그럼 물론 되지."

"저 사실 화장실에 갔다가 그냥 손만 씻고 오거든요."

"다행이다."

"왜요?"

"경철이 몸에 이상이 있는 건 아니라서. 앞으로는 그냥 바람 쐬고 와."

"정말 그래도 돼요?"

"화장실보다는 그냥 바깥 공기가 더 상쾌하잖아." 미소를 지어 아이를 안심시켰다.

나는 경철이 부모와 상의해 수업 시간을 35분으로 줄였고 중간에 한 번 바람을 쐬도록 허용해 주었다. 그러자 경철이는 더는 화장실을 빙자해 들락거리지 않았다.

경철이는 토론 시간에 자기 차례가 되면 흥분해서 큰소리로 두서없이 말하곤 했다. 남의 말을 잘 듣고, 발언 순서를 기다리는 과정을 익히며 경철이의 말투는 점점 차분해졌다. 처음에 말할 때면 숨도 쉬지 않고 서둘러 말했다. 호흡이 부자연스러웠다. 토론이 익숙해지자 자기가 말할 차례가 다시 온다는 것을 알고 차츰 기다릴 줄 알게 되었다. 경철이는 토론 시간을 좋아했고 즐거운 마음으로 오게 되었다.

그렇게 경철이가 한참 토론에 재미를 붙여갈 때쯤 '지정도서'를 정했다. 다른 아이들은 수월하게 읽을 수준의 책이었지만, 독서와는 담쌓은 경철이에게는 버거울 수도 있었다. 그러나 토론할 때 한마디라도 하려면 어쨌든 책을 읽어와야만 했다. 토론 내용은 '왜 위만왕은 고조선을 계승했다고 할까?'였다. 일반 상식으로는 말을 할 수 없고 반드시 책을 읽어와야만 했다. 경철이는 토론에서 발언하려고 책을 읽어왔다. 읽은 책으로 대화를 나눠보니 재미가 있었다.

　어느새 바람 쐬고 오는 것도 잊고 50분 수업을 '완주'했다. 어떤 아이에게는 50분이 수월하고 어떤 아이에게는 50분이 견디기 힘든 시간이다. 집중력이 약한 아이는 장난치고 화장실 가고 낙서하며 그 시간을 보낸다. 시간을 허비하는 셈이다. 우리는 토론을 통해 그런 버려지는 시간을 모아 보았다. 그리고 스스로 자신의 집중시간을 체크해 집중시간이 짧은 아이는 미리 나가서 놀도록 하거나 수업을 더 재미있게 짰다.

　점차 아이들은 스스로 수업을 구성해서 제시했다. 어떤 아이들은 집중해서 글만 쓰고 싶어 했고, 어떤 아이들은 15분쯤 글을 쓰다가 만들기를 하고 싶어 했다. 아이들 스스로 자신을 관찰하고 친구를 보며 '자신을 바라보도록' 했다. 자신에게 가장 적절한 방법을 생각하고 스스로 찾아내도록 했다.

　누구도 가식적으로 앉아서 불행하게 버리는 시간이 없도록 했다. 그것이 가능한 바탕에는 다름의 이해가 있었다. 우리는 그것을 '똘레랑스'라 부른다.

　경철이는 토론으로 생각하는 법, 소통하는 법을 배웠다. 토론은 무엇인가 가르치지 않지만, 깨닫게 해준다. 토론을 통해 참여자들이 많은 변화를 경험한다. 다른 생각이 만나 서로 부딪히며 다듬어진다. 강압, 강요로는 기대할 수 없는 변화가 일어난다. 가슴을 열면 큰 변화를 만날 수 있다. 토론의 마력이다.

04
토론은 어색해하는 아이를 당당하게 만든다

어색함은 '마음을 적절히 표현하는 것이 어려운' 감정이다. 어색함은 흔히 침묵이라는 말과 함께 쓰인다. 사람들은 어색함을 피하려고, 침묵을 깬다. 말을 건다. 거기엔 '당신을 알고 싶어요'라는 신호가 담겼다. 인간은 본능적으로 자신과 친하게 지낼 생각이 없는 사람을 경계한다. '친하게 지내자'라는 의사 표현은 말로 한다. 소통 의사가 있음을 말로 알린다.

프랑스에선 낯선 사람과도 양쪽 볼을 맞대는 인사를 한다. 동양에선 고개나 허리를 굽힌다. 인사 방식이 다르지만, 인사 자체에는 같은 뜻이 담겼다. '우리 소통할까요?'라는 의미다. '안녕하세요?'라는 말은 상대방의 안부가 궁금해서라기보다는 의례적으로 하는 인사말이다. 소통하고 싶다는 의사를 나타내는 말이다.

　우리는 아이들에게 '인사를 잘해야 한다'라고 시시때때로 교육한다. 인사가 소통의 시작이어서다. 소통은 그 아이의 미래, 또 생존에 영향을 미친다.

　수줍음이 많은 아이가 낯선 어른을 보면 인사만 하고 흔히 엄마 뒤에 숨거나, 쪼르르 어디론가 가버린다. 수줍음이 많으면 낯선 사람이나 환경과 익숙해지는 데 여느 아이보다는 시간이 좀 더 걸린다. 어떤 아이들은 낯선 사람에게 쉽게 말을 걸지만, 어떤 아이들은 모르는 사람 앞에서 말하기까지 한참 걸린다. 말을 잘하고 못하고의 차이가 아니다. 소통하기까지 걸리는 시간이 다르다고 이해해야 한다. 시간이 오래 걸리면 우리는 '부끄러움이 많다'라고 표현한다.

　소통하는 데 오래 걸리는 아이를 내성적이라고 내버려 두면, 그 아이는 어른이 되어서도 소통에 어려움을 겪는다. 학교에서 발표할 때 손을 번쩍 들지 못한 아이는 반응이 느리니까 회의에서 발언권을 빼앗긴다. 생각하고 망설이는 동안 뒤처진다.

　낯선 상황에 익숙해지는 데 시간이 오래 걸리는 건 선천적 기질 탓이다. 토론으로 훈련하면 그 시간을 단축할 수 있다. 말을, 자기 생각을 많이 표현해 본 사람은 낯선 사람들에게도 쉽게 말을 건넨다. 소통하는 데 시간이 오래 걸리지 않는다.

  소통하면 불편한 관계를 개선할 수 있고, 새로운 환경에 더 쉽게 적응할 수 있다. 적절한 소통 속도를 유지해야 하는 까닭이다.

  5학년 도준이는 앞에 나설 생각만 해도 심장이 뛰었다. 남 앞에 서면 입이 떨어지지 않아 힘들어했다. 잘 웃고 영리한 아이였지만, 발표만 시키면 작은 입이 굳게 잠겼다. 엄마와 둘이서는 이런저런 이야기를 곧잘 했다. 상식이 풍부해 화제도 다양했다. 그런데 아이들 앞에만 서면 머리가 하얘지고 아무 생각이 나지 않고 위축됐다. 도준이는 외동아들에 혼자 노는 시간이 많았고, 혼자서 조용히 책 읽기를 좋아했다.

  기질과 환경이 도준이를 부끄러움이 많은 아이로 보이게 했다. 대체로 부끄러움이 많은 아이는 진중한 편이고, 확실하지 않으면 좀처럼 입을 떼지 않는 경향이 있다. 말을 잘 하지 않아 소통에 어려움을 겪을 수 있다.

  언어는 사실을 전하는 주요 수단이다. 그에 못지않게 사교 수단으로서도 중요하다. 때맞춰, 너무 늦지 않게 말을 주고받아야 한다. 그래야 소통할 수 있다.

  6학년 수진이는 학교에서 배운 내용을 잘 알고 있지만, 혼자 생각해 보거나 자신에게 질문해 본 적은 별로 없었다. 토론수업에 참여한 후에는 특정한 분야, 상황에 대한 이해가 깊어졌다고 느낀다. 토론에 앞서 먼저 생각해보고, 또 토론하면서 다른 아이들 의견을 듣고 생각을 가다듬기 때문이다. 소통이 생각의 깊이를 더해 준 셈이다.

언젠가 토론수업에 1987년 6월 항쟁이 거론돼 2022년 기준으로 불과 35년 전의 일이라고 말해주자 아이들이 무척 놀랐다. 최루탄이 터지고 대학생이 고문당하고 휴대폰이 없던 시절은 아이들에게 원시시대처럼 느껴지기 때문이었다.

아이들이 물었다.

"최루탄 맞으면 죽어요?", "그건 폭탄인가요?", "전두환 전 대통령은 감옥에 갔어요?", "돈 다 냈나요?", "안 내면 어떻게 되나요?"

아이들은 질문을 쏟아낸 뒤, 참고서를 펴놓고 저희끼리 궁금한 점에 대해 한참 의견을 주고받았다. 서로 소통하며 각자 생각의 폭을 넓혔다. 수진이도 그렇게 토론하며 소통 능력과 생각하는 방법을 깨쳤다.

어른들은 아이들이 역사나 사회 문제를 주제로 다룰 수 있을까, 의문스러워한다. 아이들은 나름대로 궁금증이 있고, 생각하고 판단할 능력이 있다. 아이들의 질문이 어떨 때 유치하게 느껴지기도 하지만, 그렇다고 무시하면 안 된다.

"금융실명제가 되면 정부에서 제 지갑에 만 원 있는 것도 아나요?"

이런 질문에 정성을 다해야 한다. 사실만 전달했다고 공부할 거 다 가르쳤다고 여겨서는 안 된다. 아이들이 재미를 느낄 수 있게 해주어야 한다. 그러면 스스로 공부한다.

  토론수업에서 공부 거리를 찾는 아이들도 많다. 어떤 아이들은 빼곡히 메모하기도 한다. 사자성어를 즐겨 쓰는 아이도 있다. 사건이 일어난 연도를 이야기할 때, 외국인 이름이나 전문용어를 사용할 때는 듣는 이가 잘 이해할 수 있도록 천천히 두 번씩 말하기도 한다. 토론에서는 상대방을 배려하는 훈련도 할 수 있다.

  토론 내내 어려운 이야기만 하지는 않는다. 일상 언어로 생각을 교환하는 과정에서 근거 있는 자료와 지식을 어떻게 사용하는지 연습하는 게 토론이다. 토론은 그런 습관을 갖게 하는 과정이다.

  토론수업을 받는 아이들은 발표에 어떻게 활용할까를 염두에 두고 책을 읽는다. 전시회에 가서 그림을 봐도 몇 년도에 어느 나라 사람이 그렸는지 살펴본다. 발표할 때 자료를 활용하는 습관이 생기기 때문이다.

  토론수업은 일상 속 매사를 궁금하게 만든다. 무엇이든 관찰하고, 의문부호를 붙인다. 사물을 예사롭게 봐 넘기지 않는다. 나무의 초록빛은 어떻게 다른지, 계절에 따라 기분은 어떻게 다른지, 우리 동네 주차 금지 구역은 왜 생겼는지, 화장실 물은 어디로 흘러가는지…… 그냥 지나치는 게 없을 정도로 들여다본다.

  그것들은 소통의 재료들이다. 의욕이 있어도 소통할 재료가 없으면 말문이 막힌다. 이야깃거리가 많으면 자연스럽게 말을 건넬 수 있다. 소통 경험이 쌓이면, 앞에 나가 말하는 것을 주저하지 않는다. 낯선 아이들의 시선과 반응을 많이 경험한 아이들은 수줍은 기질을 극복해 낸다. 또래 사이에서 긍정적 시선을 받고, 용기를 북돋우는 말을 들은 아이들은 많은 사람 앞에서도 자연스럽게 말할 수 있다.

 어학연수를 가면 외국어 실력이 는다고 한다. 나의 필요에 따라 어떻게 해서든 상대와 소통해야 하기 때문이다. 누구를 만나면 어떤 말을 해야 할지 미리 생각하게 된다. 그렇게 그렇게 해 나가다 보면 어느 날 외국어가 부쩍 는 자신을 발견하게 된다.
 공부도 같은 원리이다. 토론수업을 하면, 궁금증이 많은 아이끼리 모여 해답의 실마리를 스스로 풀어나간다. 답을 찾으려고 자료를 탐색하고 그 과정에서 적극적으로 소통한다. 이런 경험은 더 많은 청중과 소통하고 싶은 욕구를 부추긴다. 그 아이는 나중에 누구 앞에서도 자신감 있게 의견을 밝힐 수 있게 된다.

 많은 사람이 남 앞에 서기를 어색해했으나, 단련 과정을 거쳐 능숙하게 말할 수 있게 됐다. 토론은 어색함을 떨쳐버리려는 사람들에게는, 소통의 기술을 익히려는 사람들에게는 좋은 단련장이다.

05
토론은
미래 생존술이다

'토론은 폭력을 막는가?'

2021년 프랑스 대입 시험인 바칼로레아 문제다. 프랑스에선 대학 입학시험 문제로 출제될 만큼 토론을 중시한다. 그들은 왜 이렇게 토론에 목을 매는 것일까.

역사를 거슬러 올라가 보면, 고대 아테네에서 토론이 시작됐는데, 그 이유는 토론이 폭력을 막아주었기 때문이다. 도시 국가 간 전쟁이 끊이지 않았지만, 토론하면서 '충돌'이 줄어들었다고 한다.

개인 간에도 마찬가지였다. 토론하면 '말싸움'은 할지언정 '몸싸움'은 하지 않았다. 토론은 정보 전달, 즉 자신의 의견을 내세우는 데 의미가 있지 않다. 토론은 공감대를 형성하는 게 목적이고, 그것을 이뤄나가는 과정을 통해 폭력을 피할 수 있게 한다. 프랑스인들이 미친 듯이 토론하는 이유는 살기 위해서다. 토론하는 그 상황이 폭력을 막을 수 있다고 믿는다. 내가 상대방 이야기를 듣고 공감하고 내 의견을 내는 그 상황, 함께 토론하는 그 상황 자체가 연대 의식을 불러일으킨다. 토론이 평화를 향해 나아가게 한다.

프랑스인들은 이기려고, 어떤 결론을 빨리 내리고 토론하지 않는다. 긴 토론을 하면서 끈끈한 유대감을 형성하려 한다. 그래서 결국은 그들이 원하는 결론을 끌어낼 수 있다고 믿는다. 명령과 복종이 아니라 토론하며 함께 살아가려 한다.

프랑스는 1997년 '국가 공공 공동 토론위원회'(CNDP Commission Nationale du Débat Public)를 설립해 운영하고 있다. 이 위원회는 갈등이 일어날 만한 일을 예방하는 역할을 한다. 공개 토론으로 합의를 유도하는 식으로 운영된다. 갈등이 생기고, 사건이 일어난 뒤 사법부가 나서면 이미 피해자가 생긴 상황이다. 국가 공공 공동 토론위원회는 서로 의견이 달라 갈등을 빚을 만한 일을 미리 진단해서 충돌을 막으려 설립됐다.

프랑스인들은 의견을 내는 데 거침이 없다. 어떤 의견을 말해도 비난받지 않기 때문이다. 부족하고 못난 의견은 없다. 의견은 나이와 환경,

국적과 성별, 종교와 지식에 따라 당연히 다를 수밖에 없고, 다양해야 의미가 있다고 여긴다. 그들은 여러 가지 의견이 나올수록 더 나은 합의를 끌어내는 데 도움이 된다고 생각한다.

정책결정권자들은 일반 시민의 의견을 수렴해 최종 판단하지만, 어떤 정책도 그들끼리만 결정하지는 않는다. 반드시 공개 토론을 거친다. 시민들의 의견을 충분히 듣고 정책에 반영한다. 시민들이 의견을 제시할 수 있는 다양한 채널이 마련되어 있다. 의견 표명 과정이 투명해서 어떻게 최종 결정되든 시민들은 불만스러워하지 않는다. 정책 시행 후 문제점이 생기면 또 토론해서 수정하면 된다고 생각한다.

프랑스는 일반인들끼리 벌이는 사적 토론이 일상화 되어 있다. 다양한 연령층을 대상으로 한 TV 토론프로그램도 많다. 옳은 말만 하는 프로그램이 아니다. 출연자들은 그냥 자기 생각을 말한다. 사회자가 여러 명인 프로그램도 있다. 이미 그러한 토론프로그램은 30년 이상 자리를 잡아 정치토론에서 버라이어티쇼까지 그 형식도 매우 다채롭다. 토론프로그램을 만드는 전문 제작사는 물론 전문 사회자도 있다. 토론 중 돌발성, 우연성 등을 그대로 담아내서 긴장감과 볼거리도 있다. 미리 준비된 자료로 찬반 토론을 하는 한국의 토론프로그램과는 다르다. 프랑스에선 유치원에서, 학교에서, 대학에서, 가정에서, 사회에서 토론이 일상적으로 벌어진다. 국가정책은 너무나 당연히 좋은 토론감이다.

까힘 히술리(Karim Rissouli)가 진행하는 〈오늘 저녁, 토론(C ce soir, le débat)〉은 월요일부터 목요일까지 매일 지식인과 예술가들을 초대해 토론하는 인기 TV프로그램이다. 초대 손님을 칭찬 일색으로 미화하는 토크쇼 프로그램이 아니다. 처음에는 사회자와 대화하다가 각계각층의 사람들과 사회 문제들을 구체적으로 토론한다. 사회자와 토론자만 참여하지 않는다. 주제에 관심 있는 사람이라면 누구나 참여할 수 있다. 또 많은 전문가와 연대해 토론한다. 이 프로그램은 물리학자이자 과학철학자인 에티엔 클라인(Etienne Klein)의 말을 방송 철학으로 삼았다. "토론은 싸우지 않으려고 벌이는 논쟁이다."

프랑스인들은 토론하며 벌이는 언쟁과 언짢음을 불편해하지 않는다. 그건 '다름'을 쏟아내는 과정이고, 결국 평화를 위한 길이라고 여긴다. 그렇게 믿기에 마음껏 의견을 내고 논쟁한다. 누군가 엉뚱한 의견을 냈다고 비난하면, 비난하는 그 사람이 오히려 비난받는다. 토론의 지향점이 '평화'이기 때문이다. 프랑스에서 토론은 물리적 충돌 없이 정책을 결정하고, 다양한 사람들을 포용하고, 새로운 세계로 한발 내디딜 수 있게 해주는 사회적 장치인 셈이다.

우리는? 민주의 고민에 한국 토론의 문제점이 고스란히 담겼다. 민주가 어느 날 토론의 어려움을 토로했다.

"선생님, 저는 학교에서 토론이 어려워요."
"아니 너처럼 의견을 잘 말하는 애가 드문데…… 어렵다니?"
"학교에서는 의견을 잘못 말할까 봐 무서워요."
"의견에 맞고 틀린 게 어디 있어? 의견은 의견일 뿐이잖아."
"의견이 좀 남다르면 수업 끝나고 아이들이 놀려요."
"놀리는 아이들이 잘못된 거지."
"아이들이 놀릴까 봐 걱정돼서 말을 편하게 할 수가 없어요."

정답을 찾는 교육만 받다가 정답 없는 토론수업을 하니, 아이들이 토론할 때도 습관적으로 모범답안을 찾는다. 그래서는 토론이 이뤄지지 않는다. 토론에선 '자기 생각'을, '자기 의견'을 이야기해야 한다. 앞으로는 '자기 생각'이 없으면 살아남지 못하는 세상이다. 어떤 개인과 집단에 이끌려 사는 시대가 아니다. 구성원들이 다양한 목소리를 내며 조화를 이루는, 투명한 사회에서 함께 살아가야 한다.

그런 사회 구성원이 되려면 어릴 때부터 '자기 생각'을 떳떳이 밝히고, 다른 사람들의 의견을 받아들일 줄 아는 토론문화를 익혀야 한다. 토론을 할 줄 알면, 미래에도 살아남을 수 있다. 토론으로 미래 생존 비법을 익힐 수 있다.

06
토론에는
똘레랑스와 셀라비가 있다

내가 베이비시터로 아르바이트를 했던 안드레(Andrés) 할머니 집의 어느 수요일 풍경이다.

오후 4시 구떼(Le goûter 간식)시간이 되자 개구쟁이 형제 뗄레마크(Télémaque)와 오스카(Oscar)가 테이블 앞에 자리를 잡고 앉는다.

프랑스 사람들은 자유롭지만, 두 가지는 꼭 지킨다. 식사 예절과 간식시간이다. 프랑스에서는 모든 아이가 똑같은 시간에 간식을 먹는다. 이는 간식 시간 외에 아무 때나 아무 데서나 먹을 수 없다는 뜻이다.

구떼시간은 토론하는 시간이기도 하다. 아이들은 조잘거리고 할머니는 듣는다. 오늘의 주제 같은 건 없다.

"뗄레마크가 아까 제 자동차를 뺏었어요." 오스카가 울먹이며 할머니에게 일렀다.

"뺏은 게 아니야. 정복한 거지." 뗄레마크는 당당했다.

"진시? 한국에서는 이럴 때 어떻게 하니?" 할머니가 날 바라보며 물었다.

"아, 네…… 저희는 보통 형이 동생에게 양보하라고 하죠."

"나는 먼저 태어났다고 해서 형이 무조건 양보하는 것은 좋아하지 않는단다."

할머니는 아이들에게 말했다.

"상대방 장난감을 갖고 놀고 싶을 때는 먼저 허락을 받아야 하는 거야! 뗄레마크."

"뗄레마크가 내 거 뺏었어요." 아직 어린 오스카는 혀짧은 소리로 억울해했다.

"내가 힘이 더 세니까 내가 먼저 놀아야죠. 오스카는 제 부하라구요! 저는 나폴레옹이고요." 5살 뗄레마크가 '궤변'을 펼쳤다.

"그럼 할머니가 뗄레마크보다 힘이 더 세니까 네 아이스크림을 다 뺏어 먹어도 되겠구나?"

"그건 안되죠."

"왜 안 되는데?"

"제 아이스크림이니까요. 제 거라구요."

"그 아이스크림이 처음부터 네 것은 아니었잖니? 장난감도 그렇고…… 그것들은 다 어디서 왔지?"

"슈퍼요."

"그럼 슈퍼 아저씨 건가?"

"아뇨, 아빠가 돈을 냈으니까 슈퍼 아저씨 건 아니죠."

"그럼 아빠 건가?"

"아빠가 나에게 줬잖아요. 그럼 내 거죠."

"'내 거'라는 건 뭐야? 원래 '내 거'라는 게 있나?"

"그건 약속 아닌가요?"

"약속? 그건 오스카의 자동차라고 우리가 약속했잖아. 그럼 약속을 지켜야지!"

"힘이 세면 뺏어도 되는 거잖아요. 전쟁은 그렇게 하는 거라구요."

나폴레옹에 푹 빠져 지내는 뗄레마크는 물러서려 하지 않았다.

"진시는 너희들보다 힘이 센데 왜 너희들을 보호해주러 왔을까? 진시가 돌아갈 때 너희들 장난감과 책을 들고 갈 수도 있을 텐데 말이야!"

"보호해주겠다는 약속이 더 중요하니까요?" 뗄레마크가 답했다.

"진시는 우리를 사랑해서 안 뺏어요." 어린 오스카도 자기 생각을 떠듬떠듬 말했다.

"뗄레마크와 오스카는 서로 사랑하니까 약속을 지켜야 하는 거야!"

안드레 할머니가 마지막 당부의 말을 마치면서 그날의 구떼시간도 끝났다. 그리 길지도 않은 20여 분 동안이기는 했지만, 할머니는 "안 돼!" "뺏지 마!" "동생 거야!"라는 지시명령어를 쓰지 않았다. 대신 질문을 던져 아이들이 스스로 답하게 했다. 아이들이 짧은 순간 생각하고 답하기를 거듭하며 생각 나무를 키울 수 있게 해주기 위해서였다.

뗄레마크는 다시 나무 막대기를 들고 마당으로 달려갔고, 그 뒤를 오스카가 뒤뚱거리며 쫓아갔다.

"이 나무는 누구 거지?" 갑자기 뗄레마크가 물었다.

"하느님 거." 오스카가 대답했다.

"이 바람은 누구 거지?"

"내 거."

"왜?"

"내 뺨에 닿았으니까!"

아이들이 다시 달렸다.

"저 아이들이 오늘은 조금 이해했지만, 내일은 또 싸울 거야. 그것이 인간이니까. 그래서 내일 구떼시간에 우리는 또 이야기를 나누겠지……."

안드레 할머니가 나를 돌아보며 말했다.

그날은 할머니가 저녁까지 먹고 가라고 붙잡았다. 할머니 집에 오랜만에 세 아들이 다 모이는 날이었다.

할머니는 예쁘게 단장하고 기분이 좋아 콧노래를 흥얼거렸다. 첫째 아들 가브리엘(Gabriel)은 경영전문가였다. 오늘 애인을 데리고 온다고 연락이 왔다. 둘째 아들 폴(Paul)은 오딜(Odile)의 남편이고, 셋째 아들 루꺄(Lucas)는 헬리콥터 조종사다.

5시쯤 되자 첫째 아들 가브리엘이 '건장한 대머리 애인'과 함께 제일 먼저 도착했다. 가브리엘의 애인을 보고 할머니는 적잖이 놀랐으나 내색하지는 않았다. 그들도 특별한 애정행각을 보이진 않았다.

이어 금발이 어깨까지 찰랑거리는 막내아들 루꺄가 맥주를 사 들고 왔다. 둘째 아들 폴이 조금 늦게 와서 고기를 구웠다. 아이들은 삼촌들을 보더니 팔짝팔짝 뛰며 좋아했고, 삼촌들은 어린 조카를 번쩍 들어 안아주었다.

저녁 식사 후 아이들을 재우고 나서, 가족들은 '성 정체성'에 대한 이야기를 나눴다. 막내아들 루꺄는 헤어진 애인을 엄마가 대신 좀 챙겨주면 좋겠다고 부탁했다. 할머니는 막내아들의 전 여자친구가 마음을 추스를 때까지 당분간 돌보겠다고 약속했다.

둘째 아들 폴은 오딜과의 사이에 아이가 둘이나 있지만, 사랑을 지키고 싶어 절대 결혼은 하지 않겠다고 말했다. 결혼이라는 제도로 자기의 사랑을 확인하고 싶지 않다는 뜻이었다. 오딜은 결혼하고 싶지만, 폴의 마음을 이해한다고 말했다. 할머니는 너희가 결혼하고, 안 하고는 너희들 문제고, 나에게는 손주가 있으니 상관없다고 했다.

할머니는 첫째 아들 가브리엘이 성소수자임을 받아들이기는 하지만 세대 차이가 조금 느껴진다고 나에게 살짝 귓속말했다.

저녁 식사 자리에서 주고받는 이야기 내용이 나에게는 무척 낯설었지만, 터놓고 이야기할 수 있는 분위기가 적잖이 부러웠다. '다름'을 받아들이니까 '대화'가 가능하구나, 내가 내린 결론이었다.

"너는 어느 나라에서 왔어?" 막내 루꺄가 물었다.

"한국."

"북한? 남한?"

"남한."

"전쟁 안 나?"

"휴전 중인데 전쟁은 피해야지……"

"중국말 써?"

"아냐, 한국말 있어. 한글도 있고."

"오딜이 한글학교 다니잖아." 폴이 일깨웠다.

"한국어는 어떻게 생겼어? 내 이름 한국어로 좀 써줄 수 있어?"
"미로 같아…… 네모, 세모, 동그라미처럼 생겼네, 글씨가 귀엽다."
"작은형은 한국 출신 입양인인 오딜 형수의 어떤 점에 매력을 느꼈어?"
"긴 검은 머리카락. 곱슬하지 않은 검은색에 반했지." 폴이 답했다.

"나는 내 손자들이 한국인 피가 섞여 더 매력적으로 생겨서 매우 기쁘단다."
할머니가 둘째 아들 폴을 향해 다정하게 말했다.
"한국인은 우리보다 주름도 덜 생긴다고 하지 않니. 오딜 봐라. 얼마나 젊어 보여."
부모와 자식 간의 대화에 큰 세대 차이는 느껴지지 않았다. 그들의 대화는 끊이지 않고 늦도록 이어졌다.
첫째 아들이 남자를 사귀게 된 것, 둘째 아들이 결혼하지 않고 아이를 낳은 것, 셋째 아들이 애인과 또 헤어진 것을 할머니는 셀라비(C'est la vie 이것이 인생이지)라고 했다. 셀라비는 프랑스인 정서를 대변하는, 자주 쓰는 말 중 하나다. 긴 대화가 이어지는 동안 서로 의견이 다른 부분은 똘레랑스 정서로 넘어갔고 셀라비로 마무리했다.

세 아들은 어린 시절 구페시간부터 이렇게 이야기를 해왔다고 했다.

프랑스인의 토론은 책을 매개로 하는 공부가 아니라 삶을 나누고, 서로 이해하며 생각을 키우는 과정이었다.

4장

다름을 인정하는 똘레랑스

tolérance
lecture
débat

01

'틀려도 괜찮아' 받아들이는 게 똘레랑스의 시작이다

초등 4학년 남자아이들 세 명이 프랑스어를 배운다. 용석이, 민우, 형석이다.

나는 여러 차례 어린이를 대상으로 하는 프랑스어 수업을 권유받았지만 미루어왔다. 게다가 어린이용 교재도 마땅치 않았다. 프랑스어가 외국어로서 배우기에 쉬운 언어도 아니라서, 또 아이들을 괴롭히게 될까 봐 내키지 않았다.

한국에서 국제학교에 다니는 아이 중 일부는 프랑스어를 익히기도 한다. 미국 유학을 염두에 두기 때문이다. 미국 상류층은 프랑스어를 배운다. 일반 학교에 다니는 아이들은 중학교에서 배울 중국어를 초등학교 때 미리 공부하기도 한다.

그것만 해도 버겁지 않을까. 용석이와 친구들은 일반 학교 아이들이라서 프랑스어를 배울 이유가 없지 않은가. 그런데 이번에는 아이들까지 가르쳐 달라고 조르는 바람에 수업을 개설했다. '그래, 재미있게 해 보자. 하다가 어려우면 아이들이 그만둔다고 하겠지.' 그렇게 생각하니 내 마음도 움직였다. 용석이와 형석이는 영어를 싫어하는데 프랑스어를 배우겠다고 자발적으로 나선 것도 기특했다.

"오늘은 에트르(être) 동사를 배울 거야. 에트르 동사는 영어의 비(be)동사에 해당해. 비동사가 뭔지는 알지?"

"네!" 영어학원을 다니는 용석이가 씩씩하게 대답했다.

"네!" 영어를 잘하는 민우는 당연하다는 듯 피식 웃었다.

"아뇨!" 영어학원을 다니지 않는 형석이는 몰라도 당당했다.

"형석이는 비(be)동사 안 배웠어?"

"네!" 언제나 해맑은 형석이다.

"좋아. 에트르 동사는 우리말로 '이다'야. 주 수이(Je suis)는 '나는 …… 이다', 뛰에(Tu es)는 '너는 …… 이다'. 일레(Il est)는 '그는 …… 이다'야."

몇 가지 게임을 하며 외우다 보니 용석이와 민우는 주어에 따른 에트르 동사의 변형 8개를 금세 다 외웠다. 형석이는 따로 몇 번 더 반복했지만 외우지 못해서 민우에게 형석이를 가르쳐 보라고 했다.

"'주 수이'는 '나는 …… 이다'야. '주 수이'가 뭐야?"

"??????" 형석이가 못 알아듣고 어리둥절해하자 아이들이 까르르 웃었다. 형석이도 아이들을 따라 배꼽 잡고 웃었다.

"'주 수이'는 '나는 …… 이다'야. '주 수이'가 뭐야?"

"나는 이다" 한바탕 웃고 난 형석이가 대답했다.

"'뛰에'는 '너는 이다'야. '주 수이'가 뭐랬지?"

"너는 이다."

아이들이 또 까르르 웃었다. 어른들 같았으면 방금 가르쳐 준 것도 모르냐고 핀잔을 주었을지 모르겠지만 아이들은 웃기만 한다.

"'주 수이'는 '나는 이다'야. '뛰에'는 '너는 이다'야. '뛰에'는 뭐지?"

"나는 이다."

그렇게 틀릴 때마다 깔깔 웃으며 서로 가르치고 배웠다. 어느새 형석이도 동사변형을 다 외웠다. 내가 직접 가르쳤다면 인내심의 한계에 아이를 나무라고 죄 없는 형석이는 눈치를 봐야 했을지도 모른다. 그래서 나는 내 인내심의 한계 근처에 갈 때쯤이면 얼른 수업 방법을 바꿨다. 형석이가 프랑스어를 조금 더디게 따라 한다고 형석이가 홀대받을 이유는 전혀 없었다. 오히려 형석이 덕분에 반 분위기는 화기애애해졌다. 조금 빠른 친구는 가르치면서 배운 내용을 한 번 더 확인하고, 조금 느린 친구는 웃으면서 배우니 프랑스어 시간을 기다렸다. 아이들은 틀릴 때마다 웃을 수 있었다.

 프랑스에서 어학연수를 할 때였다. 마리(Marie) 선생님이 칠판에 "갸흑송(garçon 소년)"이란 단어를 쓰고 무슨 뜻인지 물어봤다.
 한국 아이들은 알았지만, 혹시나 틀릴까 봐 대답을 못 하는데 스페인 아이는 "책상이요", 독일 아이는 "집이요", 쿠바 친구도 "집이요"라며 제멋대로 큰소리로 대답했다. 선생님은 웃으면서 고개를 저었고 답이 나오기를 기다렸다. 사실 나는 그때 충격을 받았다. 한국에서는 틀린 답을 당당히 말하는 걸 상상할 수도 없는 분위기이지 않은가. 한국 교실의 경직성을 생각하면 그렇게 답할 수 없지 않은가. 쿠바는 공산국가라고 들었는데 입을 굳게 다문 한국 학생보다도 더 자연스러운 저 태도는 무엇인지…… 한국 학생처럼 일본 학생도 입을 다물고 있었다.
 우리는 맞는 답이 아니면 절대 입을 떼지 못했다. 저렇게 쉬운 '소년'이라는 뜻도 모르면서 틀린 대답을 자유롭게 쏟아낼 수 있는 외국 친구들이 마음속으로는 신기할 따름이었다. 마리 선생님은 오히려 아무 말도 안 하고 인형처럼 앉아 자신만 바라보는 동양 학생들이 이상하게 느껴졌다고 했다.

 프랑스어는 영어와 달리 대부분의 부모가 성과 평가를 못 한다는 점에서 정말 자유롭게 웃으며 수업할 수 있었다. 기분 좋은 김에 특별 보너스로 단어 하나를 알려 주었다.

"누가 문을 똑똑 두드리면 뭐라고 하니?"

"누구세요?"

"프랑스어로는 '새끼?(C'est qui?)'라고 한단다."

아이들이 바닥을 구르고 난리가 났다. 얼굴이 붉어질 정도로 웃었다.

한 명씩 밖으로 나가 문을 두드리면, 교실 안의 아이들은 "새끼~?"라고 물어보고 문을 열어주는 역할극도 해보았다. 신이 나서 또 하고 싶어 했다.

"잊지 마, 부드럽게 끝을 올려서 '새끼~?'"

프랑스어 숫자를 1부터 10까지 가르쳐 주고 외우게 한 다음 시험을 보면 누군가는 다 맞고 누군가는 다 맞추지 못했다. 10까지 다 못 외우는 아이는 비난을 받아야 하나? 어떤 부모나 교사는 야무지게 다 외우게 하는 게 참교육이라고 생각할지도 모른다. 나는 그렇지 않다. 일상생활을 할 수 있는 보통 지능을 지닌 아이는 결과보다 과정을 중시해야 한다.

형석이는 프랑스어를 잘하든 못하든 계속 배우려 했다. 형석이는 프랑스어를 재미있어했다. 동석이 말대로 '호감'이 생긴 과목은 꾸준히 스스로 공부하게 된다. 아이들은 영어가 아니라 영어를 배우는 방식을 싫어했다. 프랑스어 수업을 할 때 아이들이 프랑스어 자체보다 '틀려도 괜찮아'라는 생각을 배우길 기대했다. 똘레랑스를 일상에서 체험

해 익히기를 원했다. '틀려도 괜찮아'를 받아들임으로써 관용과 배려를 베풀 수 있게 되기를 희망했다. 맞는 것만이 아니라 틀린 것도 함께 존재한다는 사실을 알려주고 싶었다. 똘레랑스를 현실에서 어떻게 실천할 수 있는지 보여주려 했다. 자신과 '다른' 친구를 어떻게 받아들여야 하는지 가르쳐 주고 싶었다.

그래야 아이들이 서열에 매이지 않고, 점수에 괴로워하지 않고, 웃으며 공부할 수 있다. 누가 몇 개를 더 외웠는지 경쟁하지 않게 된다. '다름'을 받아들이게 된다. '틀려도 괜찮아'를 외치며 자신과 '다른' 친구를 인정하고 돕게 된다. 다른 이들과 조화를 이룰 수 있는 긍정적 사고를 갖게 된다. 조화를 지향하는 긍정 사고야말로 최고의 경쟁력이다.

중학생을 가르치는 영어학원 강사는 아이들 영어 성적이 잘 안 나오면 학부모들이 학원을 바꾸기 때문에 고충이 많다고 토로한다. 그래서 일단 성적이 잘 나오도록 아이들을 채근할 수밖에 없다고 한다. 아이들도 족집게 문제를 반복해서 푸니 우선 성적이 올라서 견디기는 한다. 만족하는 게 아니라 견디는 거다. 스트레스에 짓눌린 아이들은 누가 옆에서 조금만 자극해도 폭발한다. 성격에 따라 밖으로 터뜨리는 아이가 있고, 안으로 삼키는 아이가 있다.

중학생이면 긴장의 끈을 놓을 수 없다. 엄마도 아이도 마찬가지다. 대호는 무척 밝은 아이였다. 토론왕이었고, 리더십도 좋았다. 중3이 되면서 친구들과 스케줄을 맞춰 개설한 학원 특강은 보강이 없어서 부모들은 한 번의 결석도 용납하지 않았다. 한 아이가 결석해 보강하려면 같은 팀의 다른 친구들마저 스케줄을 다 바꾸어야 하는데, 그건 너무나 큰 민폐를 끼치는 일이었기 때문이다. 가족여행을 가더라도 대호는 혼자 집에 남아 학원을 가야 했다. 엄마도 스트레스를 받았다. 아이가 아프기라도 하면 그 책임을 엄마에게 돌리는 분위기이었기 때문이다. 평일에는 영어와 수학, 주말에는 국어나 과학 수업을 들어야 했다. 가족끼리 대화는 주로 학원 스케줄 체크와 숙제 확인이었다. 대호는 점점 밝은 성격을 잃어갔다. 사춘기라서 어두워지는 게 아니었다. 사춘기 시절 교육시스템이 아이를 변하게 했다.

아이들이 차라리 반항이라도 하면 그나마 낫다. '조용한' 아이들이 문제다. 부모와 실랑이하는 것도 귀찮고, 학원 강사의 잔소리도 싫어서, 종일 책을 들고 지낸다. 그렇다고 공부하는 건 아니다. 그게 그 아이가 숨 쉴 수 있는 유일한 방법이다. 좋아하는 걸 못 하다 보니 흥미를 잃게 되고, 무엇을 좋아했는지도 잊어버린다. 점점 생각하는 힘도 잃는다. 어른들은 그 아이의 학습 머리가 나쁜 건가? 라고 여긴다.

아이는 내 아이가 자라는 방식을 지지하고 응원하며 키워야 한다. 공부도 마찬가지다. 아이에게 공부하는 방법만 알려주고 기다려야 한다. 기다리면 아이는 오랜 탐색 끝에 자신이 공부할 이유와 방법을 찾는다. 그렇게 살아갈 길을 찾는다. 자신만의 방식, 자신만의 고유성 안에서 아이는 자유롭고 행복해질 수 있다. 더 크게 성장할 수 있다. 아이의 '다름'을 인정해야 하는 까닭이다. 진정한 자식 사랑은 '다름'을 인정하는 것에서 시작된다.

02
색다른 시도가
'다르다'는 이유로 묻히지 않는다

"프랑스에서 … 어 … 학 … 연수를 하고 싶습니다."

한국인이 아닌가? 그는 억양이 특이했다. 프랑스 유학원에서 일할 때 만난 '홍콩아저씨' 이야기다. 나이는 50살쯤 되어 보였다. 그는 떠듬떠듬 한국어로 말했다.

"프랑스에 3개월까지는 무비자로 체류할 수 있어요. 그 이상 있으려면 학생비자를 신청하셔야 하는데…… 비자가 잘 안 나올 거예요."

"학비를 2배로 내라고 하면 낼게요. 1억 원이 들어도 괜찮아요."

"먼저 유학 동기서를 쓰셔야 하는데…… 프랑스에 가서 공부하시려는 이유가 뭐죠?"

"저는 한국에서 태어났지만, 홍콩에서 쭈욱 살았어요. 사업을 해서 돈을 많이 벌었어요. 프랑스에서 몇 년 지내며 그림을 공부하고 싶어요. 일단 어학부터 해야겠죠? 가장 비싼 학교와 호텔을 2년 예약하고 비용 전액을 미리 내면 비자가 나오지 않을까요?"

"프랑스는 돈은 크게 상관하지 않아요. 유학 동기서를 보고 비자 심사를 해요."

"제발 좀 도와주세요. 다른 유학원에서는 저를 상대도 해주지 않았어요."

"그럼 이렇게 하시죠. 유학 동기서를 제출해보고, 안 되면 일단 3개월 가보시죠. 그리고 3개월 다녀온 이력을 넣어서 내년에 다시 유학 동기서를 제출하면 비자가 나올 확률이 조금 높아져요. 3개월 동안 프랑스에 머문 후에는 비쉥겐 국가에 3개월을 머물러야 프랑스에 재입국할 수 있어요. 그렇게 왔다 갔다 하시면서 유학 동기서를 제출하다 보면 프랑스 대사관에서 사장님 마음을 헤아려 줄 거예요. 그렇다고 비자가 나온다는 보장은 없어요. 남자 나이 서른이 넘으면 박사과정이 아니고서는 학생비자가 안 나오거든요."

"좋아요. 그렇게라도 해볼게요. 희망은 있으니까요."

그 중년 남성은 감사의 의미로 팁 10만 원을 책상 위에 놓고 자리를 떴다. 어학연수 학교와 아뜰리에에 등록하고 비자 서류를 열심히 준비했지만, 그는 첫 번째 심사에서 떨어졌다. 비자 심사 기준에 따라 탈락

했다. 그렇게 될 줄 알고 시작한 일이었다. 그래도 '홍콩아저씨'는 한동안 3개월씩 오가면서도 꿈을 포기하지 않았다.

나는 당시 프랑스 유학을 전국에서 가장 많이 보냈다. 주한프랑스대사관 서류담당자가 나를 몹시 궁금해했다. 만나고 싶다며 커피 한잔하자고 연락해 오기도 했다.

나는 비자가 안 나올 게 뻔한 사람들도 서류를 만들어주었다. 그러다 보니 중년 여성, 남성들이 많이 찾아왔다. 뒤늦게 프랑스로 떠나고 싶어 하는 그들의 사연을 싫은 티 내지 않고 들어주었다. 그들 대부분은 비자가 발급되지 않았지만, 준비과정에서 행복을 만끽했다. 자신들의 꿈 이야기를 들어주는 것만으로도 고마워했다.

비자가 안 나오면 유학원에도 수입이 생기지 않는다. 어지간하면 중년 고객들의 비자 발급 도전은 하지 말았어야 할 일이었다. 대부분 실패로 끝나도 했던 까닭은 원칙을 뛰어넘어 작동하는 프랑스의 융통성을 기대했었기 때문이다. 프랑스는 원칙을 철저히 지키지만, 융통성을 발휘할 줄 안다. 실제 몇몇 중년 고객들은 융통성의 혜택을 보고 비자 발급 심사를 통과하기도 했다.

프랑스는 일할 때 실무자의 재량권을 존중한다. 융통성을 인정한다. 회사의 원칙을 침범하는 일이 있어도 책임을 묻기 전에 어쩔 수 없는 상황이었는지, 타당했는지 살핀다. 사회적으로 인본주의적 가치를 우선하고 중시해서 인권 차원에서 규칙을 어길 경우엔 대부분 용납하는 분위기다.

성탄절을 앞두고 프랑스에서 기차를 타러 갔을 때 겪었던 에피소드다. 표를 사려는 승객들의 줄이 꽤 길었다. 그 상황에서 창구 여직원이 자리에서 벌떡 일어났다. 여직원은 "담배 좀 피우고 오겠다. 사람이 너무 많다. 좀 기다려라!"라고 말하고선 창구를 빠져나갔다. 그 모습을 바라보던 발권 대기 승객들은 고개를 끄덕였다. 동의한다거나 알았다는 듯이.

한국이었으면 상상도 할 수 없는 일이었다. 자동발권기가 보급되기 전, 한국에서는 "빨리! 빨리!"를 외치며 여직원을 아랫사람 대하듯 하지 않았었는가. 그런 분위기에 익숙했던 나로선 프랑스 여직원의 당당함에 놀라지 않을 수 없었다.

승객들은 기다릴 테니 다녀오라는 듯이 고개를 끄덕이지 않았는가. 인권 관점에서 융통성과 정당성을 인정받은 것일까. 아니면 배려? 관용? 똘레랑스? 어쨌든 나는 그들의 여유로운 태도가 너무나 부러웠다. 프랑스 생활이 익숙해진 뒤 되돌아보니, 승객이 너무 많아 격무에 시달린 여직원이 담배 피우며 잠시 쉬겠다고 '선언'한 것은 노동자의 휴식 권리에 익숙한 프랑스인들에겐 별일이 아니었다.

프랑스에선 횡단보도가 아니어도 사람이 지나가면 차는 무조건 멈춘다. 언젠가 초등학교 학부모들과 '녹색교통 봉사활동'을 나갔을 때, 내가 깃발로 오는 차를 막아도 사람들은 차를 먼저 지나가게 하라고 신호를 보내며 선뜻 건너지 않았다. 길 건너기에도 한국과 프랑스는 확연한 차이가 있었다. 한국 사람은 차가 없을 때만 건너려 한다. 차를 막고 건너는 데 익숙하지 않다.

문화적 차이일까. 프랑스는 '강자는 약자를 무조건 보호해야 한다'라고 여긴다. 한국은 '자동차는 더 빨리 지나가니까 먼저 보내주자'라고 생각한다. 한국은 자동차와 사람이 서로 배려해야 하고, 프랑스는 자동차가 사람에게 무조건 양보해야 한다는 원칙이 있는 듯하다.

서로 배려할 때는 양쪽이 실제로 대등한지 아닌지 따져 봐야 한다. 부모와 자식이 이야기할 때도 마찬가지다. 아이는 부모보다 경험이 적다. 부모가 아이와 논리적으로 말싸움하면 당연히 이길 수밖에 없지만, 사실은 이기는 게 아니다. 대등한 관계가 아니어서 서로 배려할 상황이 아니기 때문이다. 강자인 어른이 약자인 아이의 눈높이를 이해하고 의견을 잘 들어주어야 한다. 프랑스에서는 아이의 생각을 어른의 생각과 동등하게 대우한다.

프랑스에서는 우월한 위치나 상황에 있으면 배려과 관용(똘레랑스)을 베풀어야 한다고 믿는다. 차에 타고 갈 때는 보행자에게, 어른은 아이에게, 상사는 부하직원을 배려해야 한다. 매사 너그럽게 대해야 한다. 그렇다고 모든 걸 용인하지는 않는다. 지켜야 할 기본선을 침범하는 행위는 받아들이지 않는다.

프랑스 박물관에 가면 바닥에 앉아 글을 쓰거나 그림을 그리는 사람들을 흔히 볼 수 있다. 그들은 눈치를 보지 않는다. 바닥에 앉는다는 것은 개인의 자유여서 통제 대상이 아니다. 다만 그들은 소리를 내지 않으려 애쓴다. 소음이 남에게 피해를 줄 수 있기 때문이다. 프랑스에선 어떤 행동이든 타인에게 피해를 주지 않는 범위에선 마음대로 할 수 있고, 허용된다.

프랑스에 사는 이정은 씨는 어느 날 '필이 꽂혀' 자신이 사는 건물 출입구에 그림을 그렸다. 프랑스에서는 자기 집이라고 하더라도 외관의 색깔을 마음대로 바꿀 수 없다. 불법이다. 자유로운 나라에서 자기 집 대문 색깔을 마음대로 못 바꾼다니 이상하다고 생각할지 모르지만, 도시 전체의 조화를 깨뜨리지 않으려고 통제한다.

이정은 씨의 파란 대문을 누군가 신고했고 시 공무원과 경찰이 찾아왔다. 그들은 당장 원래의 색으로 복원하라는 시정명령서를 주고 갔다. 이웃들의 의견은 달랐다. 이웃들은 이 예술적 대문은 좀 더 많은 사람이 관람하는 게 좋겠다는 의견서를 제출했다. 시는 그들의 예술품 관람 욕구가 타당하다고 판단해 받아들였다. 그래서 10일간 파란 대문을 유지한 후 복원하도록 시정명령서를 바꾸었다. 지역 신문기자도 찾아와 파란 대문 소식을 실었다. 10일 후 사라지는 파란 대문은 인기가 대단했다.

누군가는 개성 넘치는 시도를 하고, 그게 기존 체제, 가치와 갈등을 빚으면 다양한 아이디어를 제시해 절충한다. 파란 대문은 예술과 법이 충돌했으나, 서로 의견을 내 조정하며 조화를 이룬 케이스다. 이것이 똘레랑스다.

이정은 씨의 색다른 시도가 '다르다'는 이유로 묻히지 않았다. 이웃들은 '다름'의 가치를 존중해 주었고, 시 당국은 원칙에는 벗어나지만, 이정은 씨와 이웃들의 생각을 받아 주는 융통성을 발휘했다.

탁월한 누군가가 기존 체제와 가치를 뛰어넘는, 개성 넘치는 다른 생각을 할 수 있게 해주는 게 똘레랑스다. 그걸 받아 들여주는 게 똘레랑스다. 그게 개인, 사회, 국가적 경쟁력으로 이어진다.

03

다름은
힘이 센 성장동력이다

　동석이는 초등학교 6학년 때 초등 졸업 검정고시에 합격했다. 그는 이유를 알 수 없는 주기성구토증을 앓았다. 초등학교를 제대로 다닐 수 없었다. 학원도 다닌 적이 없었다. 동석이 엄마는 싱글맘으로 직장에 다녔다. 동석이는 집에 혼자 있는 시간이 많았다. 오전에는 집에서 쉬다가 아이들 하교 시간에 맞춰 나가서 친구들을 기다렸다가 잠시 놀았다. 고학년이 되면서 아이들이 다 학원에 다녀 만날 친구가 줄었다.

　"엄마, 난 학교 못 다녀서 어떡해?" 동석이가 3학년 때 걱정스러운 목소리로 엄마에게 물었다.

"검정고시로 졸업하면 돼." 동석이 엄마는 씩씩하게 대답했다.

"검정고시가 뭔데?"

"학교를 못 다닌 사람들도 이 시험을 통과하면 초등학교 졸업 자격을 얻을 수 있어."

"엄마! 나 그 시험 볼래. 어떻게 하면 돼?"

동석이 엄마는 아들에게 검정고시 문제집을 사주었다. 문제집은 6학년까지 전 과정이 나와 있었다.

"이 문제를 풀려면 학년별로 차근차근 공부해야 해!" 동석이 엄마는 3학년부터 6학년용 수학 익힘 교과서를 사주었다. 동석이는 하루에 다섯 장씩 매일 스스로 공부하며 체크해 나갔다.

"동석아, 수학은 모르는 거 없어?"

"응…… 아직은……"

"안 가르쳐줬는데 어떻게 알아?"

"여기 설명이 있어." 동석이는 누구의 도움도 받지 않고 수학을 이해해 나갔다.

"설명만 보고서도 알아?"

"응, 아직은……"

"동석아, 학교 다니고 싶지 않아?"

"조금 그런 마음도 있지만 난 집에서 공부하는 게 더 맞는 것 같아."
"왜?"
"학교에서는 영상으로 설명 듣고 문제 풀고, 영상 보고 문제 풀고, 체육하고, 미술하고…… 그렇게 하는데 집에서는 수학도 혼자 하면 20분만 해도 되고 마음대로 놀 수 있으니까!"
"그래도 엄마는 네가 학교를 안 다녀서 걱정이야. 학교가 꼭 공부만 하는 곳은 아니니까……"
"엄마, 걱정하지 마세요! 좀 나으면 친구들도 사귀고, 운동도 열심히 할게요."
"그래, 좀 더 건강해질 때까지 기다려 보자."

동석이 엄마는 아들과 매일 저녁 토론했다. 틈틈이 읽은 책이나 텔레비전, 인터넷으로 본 내용을 아들 눈높이에 맞추어 재미있게 이야기해 주었다. 동석이는 정치, 종교, 역사, 경제, 미술, 음악 등 모든 이야기를 귀 기울여 들었다. 또 엄마가 해준 이야기를 책이나 미디어에서 더 찾아 공부했다.

영어는 아주 쉬운 책부터 한 권씩 혼자 읽어나갔다. 동석이 엄마는 아이에게 회화와 쓰기를 가르치려고 하지 않았다. 동석이는 영어도 누구의 도움도 받지 않고 혼자 이해해 나갔다. 단어와 독해 문제집을 가장 쉬운 단계부터 차근차근 풀었고, 영어로 된 만화영화를 보며 공부했다.

동석이가 4학년쯤 되었을 때, 어려운 단계의 독해를 이해하길래 동석이 엄마는 물어보았다.

"너 이 지문 해석할 수 있어?"

"못하는데……"

"그런데 어떻게 답을 다 맞혀?"

"몰라, 그냥 알아."

"어떻게 그냥 알아?"

"엄마가 문제집을 바꿀 때, 처음에는 조금 어려워. 그런데 조금 지나면 또 괜찮아져……"

동석이 엄마는 영어학원에 가서 동석이 영어 실력을 테스트해보았다.

"독해가 중3 수준인데요. 파닉스를 일찍 시작하셨나 봐요. 어느 학원 다녔어요?"

영어학원 강사가 물었다. 동석이 엄마는 얼버무리며 인사를 하고 서둘러 나왔다. 사실 동석이는 파닉스 등 영어 영역을 골고루 지도받은 적이 없다. 영어는 검정고시를 통과하기만 하면 된다고 생각했다. 혼자 영어 독해 문제집을 풀고 영어책을 읽기만 했다.

동석이는 영재도 아니고 건강도 좋지 않았다. 다만 엄마와 동석이는 현실을 받아들였다. 불행하다고 여기지 않고 살았다. 주어진 상황에서 누릴 수 있는 것을 누리려고 마음먹었다. 동석이는 바쁘지 않아서 여유 있게 책을 읽을 수 있었다. 깊이 있는 독서를 할 수 있었다.

공부는 짧은 시간에 필요한 부분을 집중적으로 했다. 스스로 공부하다 보니, 어떤 과목은 몇 시에 하는 게 가장 효율적인지 알 수 있었고, 그에 따라 일과를 결정했다. 엄마는 동석이가 체크하는 학습 스케줄표를 보기는 했지만, 문제집을 일일이 점검하지는 않았다.

동석이는 6학년 4월에 초등 졸업 검정고시를 치른 뒤 바로 중학교 과정 독학을 시작했다. 중학교 졸업 검정고시 문제집을 사놓고, 그것을 통과할 정도의 수준에 도달하려고 스스로 학습 스케줄을 짰다. 동석이 엄마는 교복도 입어보고, 중학교 구경도 해보라고 권했다. 동석이는 엄마 권유에 마지못해 중학교에 입학했지만, 딱 두 달 후 그만두었다. 무엇보다 학습능률이 오르지 않았다. 학교 보건실에 자주 누워있어야 하는 데다, 스스로 공부할 수 있는데 일일이 수업을 들어야 하는 게 마음에 들지 않았다.

"동석아, 학교에 안 가서 불안하지는 않니?"

"엄마, 내가 조금 다른 건 사실이지만 그것 때문에 불안하지는 않아. 나는 검정고시를 통과하려고 노력하고 있잖아. 내가 놀기만 하는 것도 아니고…… 학교에 다니는 애들도 다 달라. 공부에 호감이 있는 친구도 있고, 없는 친구도 있어."

"호감?"

"응, 애들은 호감이 있어야 공부를 하거든."

"호감은 어떻게 생기는 건데?"

"나도 잘 몰라. 처음 그 교과를 접했을 때 즐거우면 호감이 생기는 것 같아."

"왜 어떤 애들은 호감이 없는 거야?"

"수준에 안 맞는 책을 보면 호감이 안 생기지."

동석이는 몸이 약해 집에서 공부하며 스스로 공부하는 요령을 터득했고, 공부가 잘 안 될 때나 하기 싫을 때는 왜 그런지 나름대로 원인을 분석하기도 했다.

동석이는 집에서 식사를 혼자 해결하다 보니 요리를 해야 했다. 이런저런 조합으로 입맛에 맞게 스스로 만들어 먹었다. 재료와 영양, 재료비도 공부하게 되었다. 몸무게가 늘면 저녁 식사량을 줄였다. 싫어하는 음식은 먹지 않았다. 대신 같은 영양소를 가진 대체 재료를 찾아서 조리해 먹었다. 그렇게 해서라도 영양의 균형을 맞췄다.

인간은 누구나 환경에 맞춰 생존본능을 발달시킨다. 필요하면 사냥하고 수렵, 채집도 하기 마련이다. 동석이네는 살림을 도와줄 도우미를 쓸 만큼 경제적 여유는 있었지만, 동석이 엄마는 그 역할을 아들에게 맡겼다. 동석이 엄마에게 왜 아이가 살림하게 하는지 물어보았다.

"시킨 적은 없어요. 그냥 안 해주었을 뿐이지요." 동석이 엄마가 웃으며 대답했다.

"안 해주는 게 가능해요?"

"한국 엄마들은 아이를 위해서라면 뭐든지 하잖아요. 기다리는 게 최고의 교육이라면 안 해줄 수 있어요."

"우리는 애들이 스스로 할 수 없다고 지레 생각하죠."

"컴퓨터 게임도 하는 애들이 세탁기 돌리는 게 뭐가 어렵겠어요. 이 정도는 할 수 있겠다 싶은 것부터 안 해주는 거예요. 물론 처음에는 실수도 많이 해요. 그 실수가 배우는 과정이라고 생각해봐요. 애들 공부라면 다 참아내는 엄마들 아닌가요? 우리 아이는 공부를 학교 밖으로 끌고 나왔을 뿐이에요. 아이에게 필요한 현실 공부를 해나가고 있는 셈이죠."

동석이 엄마는 주어진 환경 안에서 자기만의 규칙을 만들고 실천해 나가며 살아가고 있었다. 다른 부모가 아이를 어떻게 키우는지 기웃거리지 않았다. 내 아이를 어떻게 키워야 하는지에 더 초점을 맞추고 있었다. 동석이네 가족은 부족함을 발전과 성장의 원동력으로 삼고 있었다.

행복을 비교우위에서 찾는 건 어리석은 짓이다. 행복은 비교해서 얻을 수 없다. 비교는 불행의 시발점이다. 현명한 사람들은 '나다움'으로 행복을 추구한다. 자신이 처한 부족한 현실을 회피하지 않는다. 그에 뿌리를 두고 더 나은 삶을 꾀한다. 다름을 있는 그대로 받아들여 성장동력으로 삼는다. '다름'은 힘이 세다.

04

아이들이
각자 속도대로 갈 수 있게 둔다

내신 8등급인 고1 남학생 두 명이 찾아왔다. 둘은 친구 사이였다. 중학교 때까지 게임에 푹 빠져 살았다. 고등학생이 되어 심기일전해 책을 잡았지만, 어떤 글도 이해가 안 돼 고민이었다. 간단한 생활 회화와 게임 용어, 친구들끼리 쓰는 은어가 그들이 사용하는 한국말이었다. 그게 전부였다. 뉴스를 보고 들어도 전혀 이해가 안 되고, 배경지식이 없으니 영어를 해석해도 내용을 알지 못했다. 그게 그들이 찾아온 이유였다.

"이름이 뭐니?"
"재성이요. 박재성."

"친구는?"

"서승우요."

"책을 이해하고 싶어서 온 거니? 아니면 국어성적을 올리고 싶어서 온 거니?"

"국어성적 올리는 것까지는 바라지도 않아요. 문장을 이해만이라도 했으면 좋겠어요."

재성이는 눈길을 사로잡는 커다란 반지를 끼고 있었다.

"책은 어떤 거 읽어봤니?"

"만화로 된 과학책 아시죠? 초등학교 때 그거 좀 보고 중학교 때는 안 읽었어요."

"역사책은?"

"읽은 적 없어요."

"문장을 이해하면 다른 과목 공부에도 도움이 돼. 영어에도 도움이 되지…… 그런데 지금 상태에서 국어성적까지 올리는 건 쉽지 않을 것 같아. 함께 신문이나 책을 읽고 이야기 나누고 정리하는 정도는 해줄 수 있어. 그런데 8등급을 5등급으로 올리고 싶다면 이곳을 잘못 찾아왔어. 단시간에 고등 교과 중 비문학 지문을 시험 시간 안에 이해하도록 해줄 수는 없어……"

"선생님, 저는 사실 궁금한 게 매우 많아요. 뭐든 배우고 싶어요. 어른들은 무슨 일을 하고, 어떻게 집을 사고, 사회는 어떻게 돌아가는지 알고 싶어요. 뉴스만이라도 이해한다면 제가 무엇을 하며 살 수 있을지 알 수 있을 것 같아요."

"부모님과 대화는 안 하니?"

"안 하죠."

"어째서……?"

"잔소리밖에 안 해요. 머리 색깔이 그게 뭐냐. 과외 숙제했냐. 휴대폰 그만 봐라! …… 그러니까 말하기가 싫어요."

"재성이가 궁금한 점을 질문하면 부모님은 어떻게 하시니?"

"핀잔만 줘요. 가르쳐 주지도 않고. 제가 메이크업 아티스트가 되고 싶다고 했거든요. 그랬더니 말도 안 되는 소리 하지 말라고 하시고, 또 저번에는 애완견 훈련사가 되고 싶다고 했더니 그건 일자리가 별로 없다면서 공부나 하래요. 대학을 가야 뭐든 할 수 있다고……"

"승우는 목표가 뭐니?"

"저는 가고 싶은 대학은 없는데, 엄마가 대학은 무조건 집에서 다녀야 한다고 해서…… 그런데 내신이 안 되니까…… 논술이 성적 올리는 데 도움이 된다고 해서 왔어요."

"가고 싶은 학과도 없고……?"

"전 공부가 안 맞아요. 대학에 가면 또 공부해야 하니까 차라리 고등학교 졸업하고 바로 일하며 사회를 배우고 싶은데…… 군대 빨리 갔다 와서요. 엄마가 대학은 무조건 가라고 하니까…… 고민이에요. 근데 너무 아는 게 없어서, 책은 좀 읽고 싶긴 해요. 무슨 책을 읽어야 할지도 모르겠고……"

"부모님과는 어떤 이야기를 나누니?"

"엄마는 밥 먹어라! 공부해라! 아빠는 몇 등 했냐? 저는 부모님이랑은 할 말이 없어요."

"원래 말을 안 했니?"

"어릴 땐 좀 한 거 같은데, 중학교 때 성적표 나오잖아요. 제가 그때 거의 꼴찌 했거든요. 그때부터 서로 말 안 해요. 엄마가 충격을 받았나 봐요."

"그때 승우 기분은 어땠니?"

"올 게 왔구나, 라고 생각했죠." 승우는 이 말을 하며 멋쩍은 웃음을 지었다.

"어떻게 네 성적을 짐작할 수 있었니?"

"초등학교 때 학원을 다니긴 했는데 그냥 왔다 갔다 했으니까 다 알죠. 친구들 실력이랑 차이 나는 거. 말을 안 했던 것뿐이죠. 말해봤자 공부만 더 시킬 테니까."

"앞으로는 어떨 것 같니?"

"솔직히 전문대만 가도 다행이죠. 엄마는 4년제 가라고 하는데……"
재성이가 한숨지었다.

"저는 지방대 간다고 하더라도 대학교 수업을 이해 못 할 것 같아요. 고등학교는 결석만 안 하면 졸업하는데 대학은 저희 누나 보니까 학점을 따려면 공부해야 한다고 하더라고요." 승우는 공부를 두려워했다.

"토론식 논술 수업을 하면 궁금한 점을 해결해 나가고 글과 말을 이해하도록 도와줄 수 있어. 그리고 무엇을 하며 어떻게 살지 생각하는 힘을 키우고 싶다면 함께 이야기해 줄 수 있어. 내신 성적을 관리하고 싶으면 전문 학원을 가는 게 좋아. 그런데 8등급이 7등급 된다고 한들 큰 차이가 없을 거야."

재성이와 승우는 중학교 3년 동안 학교에 가기는 했지만, 공부를 하지는 않았다. 졸업은 했지만, 중학교 교과 과정을 전혀 몰랐다. 그 실력으로 고등학교 과정을 공부하려니 당연히 이해할 수 없었다. 나름대로 '학력 공백'을 메우려고 여러 학원을 가보았지만, 뾰족한 해결책을 찾을 수 없었다. 고등학생에게 중학교 과정을 가르쳐주는 학원은 없었다.

프랑스에는 초등 과정부터 유급제도가 있다. 최소한 알아야 할 학과 내용을 제대로 익히지 않으면 다음 학년으로 진급하지 못한다. 예를 들면, 3학년 교과 내용을 40%이상 이해해야 4학년에 올라갈 수 있다. 그

정도는 알아야 상급 학년 진도를 따라갈 수 있다고 여긴다. 중학교 교과 과정 학력 기준선을 넘어서지 못하면 졸업할 수 없다. 중학교를 졸업했다는 의미는 중학교 교과 내용을 일정 수준 이상 익혔다는 뜻이다. 대학교도 시험을 통과하지 못하면 졸업할 수 없다.

살다 보면 여러 가지 이유로 사람마다 속도가 다를 수 있다. 병으로, 환경적 이유로, 경제적 이유로 한결같은 학습 속도를 낼 수 없다. 공부를 건성으로 해 온 한국의 고등학교 1학년생은 중학교 교과 과정과 고1 교과 과정을 압축해서 공부하며 만회하든가, 진도를 따라가지 못한 채 학교를 다녀야 한다. 빨리빨리 문화 속에 빨리는 못갈망정 뒤처지는 건 용납되지 않는 사회 분위기는 학교에도 그대로 적용된다. 각자의 특별한 이유로 1~2년 늦게 졸업하는 게 뭐 그리 흠 잡힐 일인가. 같이 가면 좋지만, 뒤처질 수도 있지 않은가. 조금 여유 있게 생각하면 어떨까.

핀란드에서는 누구나 1년 정도 공백기를 가진다. 학교에서도 유급하거나 월반한 학생들이 섞여 있어도 불편함을 느끼지 않는다. 누가 월반했다고 해서 부러워하지 않는다. 그렇게 빨리빨리 갈 필요가 없다고 생각한다. 심지어 중고등학교 졸업 후 바로 대학에 진학한 학생에게 "고민도 없이 어떻게 대학에 왔느냐?"라고 물을 정도다.

우리는 학업을 제대로 따라오지 못하는 친구들을 배려하지 않고, 무시하는 경향이 있다. 조급증과 빨리빨리 맹신 문화는 개인의 속도를 인정하지 않는다. 나와 남을 속도로 비교하는 게 습관이 됐기 때문이다. '빠름'은 좋은 것이고, '느림'은 좋지 않은 것이란 터무니 없는 인식이 문제다.

조금 빠르고 늦는 게 뭐 그리 대수인가. 부모들이 조급증을 버려야 한다. 아이들이 각자 속도대로 갈 수 있게 두어야 한다. 기다려 보자. 아이들이 행복한 미소를 지을 수 있게.

05
달리기가
창의적 행위로 해석될 수도 있다

　영훈 선배는 프랑스 파리에서 철학을 공부했다. 몇 년이 지나도록 박사학위를 취득하지 못했다. 프랑스 철학 박사학위는 아무리 열심히 해도 취득하는 데 8~10년 정도 걸린다. 논문은 A4로 500장 정도 써야 하고, 심사만 8시간 정도 걸린다. 논문 심사 때는 여러 사람을 초대해서 아침부터 저녁까지 강당에서 한다. 어설프게 짜깁기해 논문을 낼 생각은 애초 하지 말아야 한다.

　어느 해 박사과정을 오래 다닌 외국 유학생들이 대대적으로 정리됐다. 영훈 선배도 곧 학교에서 나와야 했다. 학생 신분을 유지하지 못하면 체류증도 만료돼 프랑스에 있을 수 없게 된다.

그는 한국으로 돌아와야 하는 처지였지만, 프랑스에서 살고 싶어 했다. 지독히 가난했고, 궁지에 몰려 있었다. 그런 현실을 잊고 싶어서 달리기를 시작했다. 매일 달리고 또 달렸다. 고민을 떨쳐버릴 다른 방도가 없어서 달렸다. 남은 체류 기간이 점점 짧아졌다. 취업은 안 되고, 학교서는 쫓겨나 막막했다. 박사학위가 없으니 한국에 돌아와도 '자리'가 있을 리 만무했다.

영훈 선배를 센(Seine) 강변에서 만났다. 마지막으로 한 회사에 이력서를 제출한 직후였다. 그는 영어도 잘못하고 박사학위도 없는 데다 동양인이고 내세울 기술도 없었다.
"이제 파리를 떠나야 할 것 같다." 그는 씁쓸히 말했다.
그러나 그는 귀국 비행기를 타지 않았다. 극적으로 프랑스의 좋은 회사에 취업이 됐다. 비결이 뭐냐고 물었다. 그는 "이력서에 쓸 게 없어서 '달렸다. 많이 달렸다. 매일 달렸다. 쉬지 않고 달렸다'라고 썼다"라고 말했다. 회사는 뭘 보고 그를 채용했을까. 혹시 달리기에서 '남다른 의지'를 읽지 않았을까? 그는 그렇게 짐작했다.

한국 아이들은 유난히 위인전기를 많이 읽는다. 집마다 위인전집은 기본으로 갖추고 있다. 어른은 아이에게 위인을 본받으라고 말하기도 한다. 위인은 누구를 따라 한 사람들이 아니다. 그들은 오로지 고유성으로 역사에 남을 일을 해냈다. 위인들은 자신의 선택에 몰두해 업적을 남겼다.

　아이들은 위인의 업적에 대해서 배우지만 그 희생과 노력의 깊이는 잘 모른다. 위인 이름과 업적만 외우고, 다른 부분은 깊이 생각하지 않는다. 그럴 필요를 느끼지 않기 때문이다. 생각하고 토론하는 과정을 거치지 않기 때문에, 위인의 업적은 기억하지만, 위인을 나름대로 평가해본 자기 생각은 없다. 아이들이 세종대왕을 어떻게 생각하냐고 물어보면 "한글을 창제해서 위대하다고 생각한다"라는 똑같은 답을 내놓는다. 다른 답은 하나도 없다. 다른 위인을 어떻게 생각하냐고 물어봐도 답은 한 줄이고, 내용은 같다.

　아이들은 몇 시간씩 토론 자료를 준비해 와서 읽기만 한다. 토론이라는 용어가 부담스러운가 싶어 그냥 말하듯이 하라고 해도 못 한다고 고개를 젓는다. 심지어 어떤 아이는 "학교에서는 준비한 걸 읽으라고 하는데 왜 선생님은 그냥 말로 하라고 하느냐"라며 원망한다.
　한 아이가 PPT까지 멋지게 준비해 나폴레옹에 대해 발표했다. 발표가 끝나고 아이들에게 무엇이 기억나냐고 물었더니, 멀뚱멀뚱 서로 바라보기만 했다. 발표한 아이에게 "네가 발표한 것을 딱 한 줄로 설명해달라"고 요청해 봤다. 말하지 못했다. 학교에서는 이렇게 읽기만 해도 칭찬받는다고 했다. 열심히 준비하고 발표했는데, 발표한 아이나 들은 아이나 머릿속에 남은 게 없었다. 가슴 속에 남은 건 더더욱 없었다.

　토론수업은 앞으로 가야 할 길이 멀다. 생각 나누기가 익숙하지 않아서다. 내 생각을 말로 표현해야 하는데, '내 생각'이 없다. 내 생각이 아니라 남의 생각을 외워서 발표만 매끄럽게 하려 한다. 읽기만 해서는 생각 주머니가 생기지 않는다. 발표가 아니라 서로 말을 주고받아야 생각을 발전시킬 수 있다.

　프랑스 중학생은 1년에 한두 권의 소설을 읽는다. 소설 한 권만 가지고도 할 말이 많다. 그런데 우리는 중학생 필독서가 100권이다. 제목과 뒷장의 요약만 읽고 넘어갈 수밖에 없다. 교과서에도 작품 원문 전체가 실리지 않고 발췌돼 일부분만 소개되어 있다. 천천히 작품을 감상하고 느끼고 생각할 수 있는 체제가 아니다. 빨리 읽고 넘어가게 돼 있다. 읽고 생각을 숙성할 틈도 주지 않는다. 빨리, 많이만 좇는 구조다.

　희주가 역사 시간에 신채호의 조선상고사에 대해 배웠다고 이야기했다. 역사는 '아(我)와 비아(非我)의 투쟁'이라고 외우는 걸로 신채호, 조선상고사와 관련한 공부는 끝났다. 아이들에게 '아(我)'가 뭐냐고 물었더니 아무도 답하지 못했다. 이 한 문장만 가지고도 프랑스에서는 아마 1시간은 이야기할 것이다. 한국 아이들은 한국사 검정시험에 합격하는 게 목표다. 역사적 인물과 연도, 업적 등을 외우는 걸 역사 공부라고 여긴다. 창의적으로 접근할, 공부할 여지가 전혀 없다.

프랑스 역사 수업 시간에는 불편할 수 있는 식민역사에 대해서도 거침없이 토론한다. '시대적으로 식민지건설이 타당하다.' '명백히 잘못된 일이다.' 이 2가지 주장이 맞붙는다. 교사는 답을 주지 않는다. 상대방 주장을 꺾으려 하지도 않는다. 그냥 각자 할 말을 할 뿐이다. 프랑스에서 역사 시험을 본다면 "역사가 객관적일 수 있을까?"라는 질문에 몇 시간 정도 답을 쓸 수 있게 할 것이다. 연표는 손안의 스마트폰 속에 있어서 외울 필요가 없다고 생각한다. 정보를 보고 발췌하고 취합할 수 있는 능력, 판독할 수 있는 능력, 재해석할 수 있는 능력을 중요하게 여긴다.

나는 아이들에게 "우리는 중국사와 그리스-로마사 등은 배우는데 왜 일본사는 자세히 안 배울까?"라고 물어보았다. 4학년 세혁이가 곰곰이 생각하더니 식민 지배를 할 무렵 일본 쪽에서 쓴 역사가 한국으로선 껄끄러울 수 있어서라고 답했다. 어린이가 이 정도 생각을 표현할 수 있다는 건 대단하다. 세혁이를 보면 우리도 프랑스처럼 토론수업을 못 할 것도 없는데 안타깝다.

오래전에 아이들과 '콩쥐, 팥쥐'라는 전래동화의 인물에 대해 이야기를 나눈 적이 있다. 모두 콩쥐가 착하고 팥쥐는 못된 성격이라고 이야기하는데 희원이는 다른 의견을 냈다.

"나는 콩쥐가 못됐다고 생각해. 왜냐하면 콩쥐는 부당한 대우를 받아도 항의하지 않고 거절도 못 하잖아. 팥쥐는 원하는 걸 있는 대로 표현하는 솔직한 성격이라고 생각해."

아이들이 모두 희원이 주장에 놀랐다. 희원이는 스스로 생각하는 능력이 있는 아이였다. 그래서 모두가 같은 의견일 때 다른 의견을 낼 수 있었다. 희원이는 스스로 생각을 키우며 성장해 서울대를 마친 뒤 핀란드로 유학 갔다.

스스로 생각하는 능력이 있으면 독창적이고 창의적인 아이로 성장한다. 누구나 당연하다고 생각하는 것을 뒤집어 생각할 수 있는 능력이 있다. 그 능력을 쓰지 않으니 파묻혀 있을 뿐이다. 퇴화된 닭 날개처럼. 입시라는 허들을 넘는데 깊은 생각은 방해만 된다. 생각이 필요 없어져서 밀려나고 있다.

프랑스에서 음악, 미술, 건축 등은 '에꼴(École)'이라는 학교로 분리되었고 정치, 이공계 등은 '그랑제꼴(Grandes Écoles)'이라는 제도가 있다. 엘리트들만 진학한다. 그랑제꼴 학생들은 타고난 공부벌레로 공부가 좋아서 선택한다. 대다수 프랑스 학생은 입시경쟁을 하지 않고 일정 점수만 넘으면 대학에 입학한다. 보통 청소년들은 공부 대신에 개인의 고유성을 살리는 데 시간을 쓴다.

가장 창의적이고 가장 나다운 사람이 대우받는 풍토가 조성되어있기에 가능하다. 디자이너와 예술가가 대우받고, 독창적 가치가 있는 일에는 천문학적 보상이 따른다. 학벌이, 학위가 인생에 절대 영향력을 미치지 않는다. 프랑스인들은 색깔 있는 삶을 훨씬 더 중요하게 받아들인다.

유명 작가보다는 내가 좋아하는 작가, 인기 가수보다 내가 좋아하는 가수를 훨씬 더 중요하게 여긴다. 프랑스 사람들은 옷도 유행을 따르지 않고 제멋대로 입는다. 유행은 내가 만들어 낸다는 태도다. 그래서 프랑스 유행은 내수용이 아니라 수출용이라는 우스갯소리도 있다.

프랑스의 창의성은 각자 나름대로 색깔 있는 삶을 살려는 마음 자세에서 나온다. 자신이 멋대로 살려고 하는 만큼 남이 제멋대로 사는 걸 존중한다. 튀는 삶, 남다른 생활을 부담스러워하지 않는다. 유쾌하게 받아들인다.

영훈 선배는 취업이 되자 10년짜리 체류증을 받았다. 주말이면 카페에서 좋아하는 철학을 논하며 지낸다. 하고 싶은 일에 집중할 수 있는 삶, 어디서나 토론할 수 있는 삶. 그것이 그가 파리를 택한 이유였다.

요즘은 건강을 챙기려고 조깅한다. 뛰면서 배가 고파서 미친 듯이 달렸던 기억을 가끔 떠올린다. 영훈 선배의 달리기는 프랑스에서는 '창의적이고 고유성 있는 행위'로 해석됐다. 입사지원서에 '나는 달린다'라고 썼을 때 받아 줄 한국기업이 있을까. 그 '다름'이 가지는 의미와 가치를 인정해줄까.

06
다름을 이해하면
사고의 폭이 확장된다

"진시, 이 서류 좀 봐줄래?"

킴(Kim)이 의료보험 공단에서 온 편지를 들고 왔다. 많은 입양인 이름이 킴이다. 양부모가 아이의 한국 이름을 그대로 써주고 싶어서 써진 대로 지은 탓이다. 성과 이름 순서가 다르다는 사실을 미처 몰라 생긴 일이다.

한국에 6개월 이상 머무는 외국인에게는 의료보험료 의무 납부 안내장이 날아온다. 안내장에는 킴이 계속 한국에 머물려면, 매달 약 14만 원의 의료보험료를 내야 한다고 쓰여 있었다.

나는 2009년부터 프랑스 입양인들과 친부모 사이의 통역이나 서류

번역 등을 도와주는 봉사활동을 하고 있다. 프랑스에는 한국 출신 입양인들 모임이 있어서 소개가 계속 이어지고 있다. 킴도 어디서부터 꼬리를 물고 연결되었는지 모를 입양인 친구의 소개로 알게 되었다.

킴에게 한국에 머무는 동안 독서토론 모임에 나와달라고 초대했다. 킴은 입양을 주제로 이야기를 하고 싶다며 선뜻 응했다. 나는 통역을 맡았다.

다음은 회원 7명이 킴과 나눈 이야기 중 일부다.

"킴은 언제 프랑스에 입양됐나요?"
"저는 태어난 지 2주 만에 버려졌고, 생후 5개월 때 입양이 되었어요."
"킴은 형제자매가 있나요?"
"없어요. 부모님은 두 번째 아이를 입양하려고 3년을 기다렸는데, 그동안 내가 자라면서 많은 공간을 차지하는 아이가 되어 둘째 입양을 포기했죠."
"많은 공간을 차지했다는 게 무슨 뜻인가요?"
"활동적인 아이였다는 의미죠."

"한국에 온 느낌은 어떤가요?"
"나와 닮은 사람 천지인 나라에서 숨을 쉬는 것 자체가 감동이었어요. 주변에 모두 나와 닮은 사람들만 있는 게 너무 신기했어요."

"한국에서 지내면서 가장 좋다고 생각하는 점은 무엇인가요?"

"사람들이 친절하고 음식이 저렴해요. 도시가 활기차고요."

"킴은 한국 부모를 찾아보았나요?"

"저는 버려졌기 때문에 부모와 관련한 기록이 담긴 서류가 하나도 없어요."

"원망스럽진 않아요?"

"어릴 땐 남과 다른 외모 때문에 속상했죠. 그러나 양부모님의 사랑이 있어서 괜찮았어요. 괜찮다고 생각했어요. 그런데 한국에 온 순간 알 수 없는 강렬한 감정이 가슴을 흔들었어요. 더 오래 머물고 싶다는 이끌림을 느꼈어요."

"한국에서 불편한 점은 없었나요?"

"그 불편한 점도 여행의 한 부분 아닌가요? 매우 달라서 불편한 점도 있죠. 언어도 그렇고…… 그 다른 점 때문에 여행을 하는 것이니까 기쁘게 받아들이고 있어요."

"불평하지 않는 마음이 여유로워 보여요."

회원들이 한 명씩 돌아가며 질문했다.

이번에는 킴이 회원들에게 물을 차례였다.

"한국인들은 제가 입양인이라고 하면 환대를 해줘요. 그 점이 무척 신기해요."

"죄책감 때문이 아닐까요?" 영어 교사인 은영 씨가 응수했다.

"제 부모가 아닌데 왜 죄책감을 느끼나요?"

"같은 한국 사람이니까요."

"잘못한 당사자가 아닌데도 죄책감을 느낀다는 것이 이해가 안 되네요."

"우리나라에 대한 부끄러움이죠."

"제 친구 뤽(Luc)은 친부모를 찾았어요. 그래서 한 번 만났는데…… 친부모가 더는 만나고 싶어 하지 않았다고 해요. 왜죠? 서로 연락을 주고받으며 살면 안 되나요?"

"뤽 친부모는 마음이 불편하다고 했어요. 잊고 싶은 기억이기 때문에……" 당시 상봉 때 통역했던 내가 설명했다.

"한국 사람은 자식을 끔찍이 아낀다고 들었는데 아이러니하네요."

"사람 나름이지만, 육아 환경이 더 좋은 나라에서 아이들이 잘 살길 바라는 마음에 보내는 거죠." 불문과 출신 정화 씨가 답했다.

"제가 보기에 한국도 잘 사는데, 왜 해외로 입양을 보내나요?"

"국내 입양이 제대로 이루어지지 않고 있어요. 아이를 키우는 데 돈이 많이 드는 구조고요."

"저는 사실 두 딸을 입양했어요." 은주 씨가 입을 뗐다.

"그러셨군요. 대단하세요." 약사 정은 씨가 말했다.

"주변에는 입양 사실을 알리지 않아요."

"왜 입양 사실을 알리지 않나요?" 킴이 물었다.

"처음엔 갑자기 큰 아이들이 생겨 알렸는데, 아이들이 조금만 실수해도 고아 출신이라서 그렇다고 수군거리기도 하고, 제가 아이들 학원을 많이 안 보내는데 친엄마가 아니라서 돈을 아끼려고 한다고 뒷말이 돌더라고요. 어느 순간부터 입양 사실을 아는 사람은 잘 안 만나고, 새로 만난 사람들에게는 입양 사실을 밝히지 않아요. 그랬더니 지내기도 편하고 아이들도 차별받지 않더라고요. 킴 씨는 외모가 달라 숨길 수 없었을 것 같아요."

"우리는 이혼, 재혼 가정 자녀들이 자연스럽게 섞여 지내니까 입양이나 새엄마, 새아빠를 숨기지는 않아요. 편견도 없고요. 다들 드미프레흐(Demi-Frère 의붓형제), 드미쇠흐(Demi-Sœur 의붓자매)라고 자연스럽게 소개하죠. 그런데 어르신들이나 시골 사람들은 한국을 잘 모르고 매우 가난한 나라라고 알고 있는 경우가 많아요."

"킴은 프랑스에서 한국에 대해 얼마나 알았나요?"

"한인교회가 있어서 한복이나 김치 문화를 알고 있었고, 싸이나 BTS 덕분에 한국이 유명해졌죠. 막상 서울에 오니 고층빌딩이 너무 많아 깜짝 놀랐어요. 고층 빌딩 사이사이에 궁과 오래된 빌라가 섞여 있는 것도 매우 신비로웠어요."

"친부모 밑에서 자라도 사춘기 때 갈등을 많이 겪는데, 킴은 사춘기를 어떻게 보냈어요?" 사춘기 아이들을 키우고 있는 미연 씨가 물었다.

"우린 '뿌리'에 대한 믿음이 많이 흔들려서 힘들었어요. 사랑으로 생명이 탄생하고 키워지잖아요. 그런데 첫 번째 믿음의 끈이 끊어진 사람들이니까, 사춘기 때는 양부모의 사랑을 의심했어요. 정말 가정마다 달라요. 좋은 양부모를 만나면 사춘기를 잘 극복하고, 양부모를 잘못 만나면 자살까지 하는 아이도 있어요."

"프랑스 부모들은 한국 부모와 어떤 점이 다른 것 같아요?"

"한국에 와서 공부 때문에 부모와 자식이 갈등을 빚는다는 이야기를 들었어요. 프랑스는 한국처럼 공부시키느라 갈등을 겪지는 않아요."

"킴은 앞으로 어디서 살고 싶어요?"

"한국에서 살지, 프랑스에서 살지 결정한 것은 없어요. 지금은 내가 어디서 살게 될지 몰라도 현재의 삶을 즐길 생각이에요."

"한국인인가 프랑스인인가에 대한 혼란은 없나요?"

"나는 한국에서 태어난 프랑스인이라고 생각해요. 입양인은 두 나라 국적을 다 가질 수도 있지만, 아직은 한국 국적이 필요하지는 않아요."

"입양이 되지 않았다면…… 그런 생각 해봤나요?"

"(잠시 생각에 잠기더니) 많이…… 많이요. 많이 생각했었죠. 그러나 입양이 되지 않았다면 좋은 교육을 못 받았겠죠. 부모의 사랑이 무엇인지도 몰랐을 거고요. 사랑하는 부모의 얼굴과 너무 다르게 생긴 내 얼굴이 싫었죠. 코도 작고 피부색도 희지 않고…… 저희 마을이 작아서 동양인이 없었거든요. 커서 대도시에 가서 동양인을 많이 만나고, 입양인 단체에서 친구들을 만나면서 현실을 받아들이게 되었고 마음이 편해졌어요."

"맞아요…… 다양한 사람들을 만나면서 우리는 혼자만의 문제라고 생각했던 고민을 해결할 수 있게 됩니다."

"나는 내가 사랑할 수 있는 또 하나의 나라가 생겼으니 만족합니다."

우리는 긴 시간 동안 국가 간 차이, 사랑과 버림받은 이야기, 부모와 자식 간의 관계를 이야기했다. 관점이 달라서, 살아온 과정이 달라서, 화제가 풍성했다.

킴은 5~6학년 아이들과도 짧은 만남을 가졌다. 처음에 아이들은 킴에게 질문하기를 주저했다. 묻고 싶은 게 없어서가 아니었다. 혹시 실례가 될까 봐 지레 조심했다. 킴이 괜찮다고 여러 번 말하자, 아이들은 다양한 질문을 쏟아냈고 킴의 이야기에 진심으로 마음 아파했다.

부모에게 절대적으로 의지하는 아이들이어서 처음 만나보는 입양인 킴과의 만남은 많은 생각을 하게 만들었다. 아이들은 6학년 국어 교과서에서 입양에 대한 지문을 읽을 때만 해도 입양에 관심도 없었다. 그런데 눈앞에 실제 입양인이 나타나자 호기심 어린 눈으로 바라보며 궁금한 점을 질문했다.

  한국에서 태어났지만, 모국어를 까맣게 잊을 수 있다는 것, 부모가 자식을 버릴 수 있다는 것에 아이들은 충격받은 듯했다. 아이들은 킴에게 상처를 주지 않고 배려하려고 애썼다. 아이들에게 아무것도 지시하지 않고 가르치지 않았지만, 스스로 그렇게 행동했다.

07
'똘레랑스 사회'는 다양성의 힘을 지닌다

핸드폰이 울렸다. 학교에서 온 전화였다. 수찬이 엄마는 또 가슴이 철렁 내려앉았다.

"여보세요."

"안녕하세요? 수찬이 담임인데요, 수찬이 어머님이신가요?"

"네, 안녕하세요?" 수찬이 엄마는 보이지 않는, 핸드폰 건너편 선생님을 향해 자신도 모르게 일어나 허리를 굽혔다.

"수찬이 일로 상의드릴 게 있어서 연락드렸어요."

수찬이 엄마는 이번엔 또 무슨 일인가, 걱정이었다.

수찬이는 초등학교 입학 후부터 내내 "애가 남달라요", "애가 특이해요", "애가 이상해요" 등등의 소리를 쭈욱 들어왔다. 수학 시간에는 숫자로 그림을 그리고, 영어 시간에는 알파벳으로 그림을 그렸다. 필기 노트가 온통 이상한 문자로 가득했다. 집에서도 여러 가지 펜으로 이불이나 벽에 그림을 그렸다.

수찬이는 어릴 때부터 그림그리기를 좋아했다. 중학생이 되어서는 그 소질이 더욱 눈에 띄었다. 개성이 너무 강한 그림이어서 입시에는 적절하지 않다는 평가를 들었다. 수찬이는 똑같이 그리기를 싫어하고 항상 왜곡된 형태를 그렸다. 예를 들면 정면과 측면을 동시에 표현한다든가 주제에 따라 신체 일부를 확대해 그렸다. 빛과 그림자의 위치도 어색했다. 미대 입시에 필수적인 데생은 그림자를 외워서 음영을 표현해야 하는데 수찬이에게는 버거웠다. 아크릴화를 그릴 때도 고집스럽게 물감을 지나치게 두껍게 칠했다.

우리나라 미대 입시요강은 학교마다 달라 어떤 학교는 논술, 어떤 학교는 국어, 어떤 학교는 영어를 잘해야 한다. 실기를 보는 학과도 있고, 안 보는 학과도 있다. 대학에 입시 자율권을 준 영향 탓이다. 이 때문에 아이들은 다양한 입시전형에 혼자서 대처할 수 없을 정도가 됐다. 그래서 전문 입시 컨설팅을 받는 아이들도 많다. 입시 컨설팅은 시간당 25만~50만 원이다. 물론 실기 학원은 수년간 꾸준히 다녀야 한다.

엄마는 수찬이가 수도권 소재 대학을 가기 힘들다고 판단했고, 앞으로 들어갈 미술 학원비와 과외비, 대학 등록금을 생각하면 프랑스로 가는 것도 나쁘지 않다고 결론지었다. '튀는' 수찬이를 받아 줄 국내 대학이 없었다.

수찬이는 엄마와 프랑스로 갔고, 학과 공부 부담 없이 학교 수업 후에는 자유롭게 그림을 그렸다. 고3이 되었을 때, 수찬이는 여백을 살린 서양화, 먹을 사용한 묘사, 보색대비를 이용한 수채화 등 자신만의 세계를 담은 포트폴리오를 만들어 나갔다. 독서도 마음껏 했다. 주로 프랑스 미술사, 역사, 철학, 고전 문학 등을 읽었다.

영감을 얻으려고 걸어서 여행했다. 자신만이 표현할 수 있는 것을 찾으려고 깊이 사색했다. 미술관 한쪽에 앉아 몇 시간씩 그림을 바라보았다. 프랑스에서는 이상할 게 없는 일이다.

"저는 한국의 입시 뒷바라지를 할 자신이 없었어요. 차도 없어서 아이를 데리고 다닐 수도 없었어요. 무엇보다 아이에게 계속 지시해야 하는 게 저에게 맞지 않았어요. 사실 저도 고등학교 때 미대 입시를 준비했었어요. 3시간 안에 주어진 주제로 그림을 완성해야 했죠. 학원에서는 매일 하루 4장, 12시간씩 연습을 시켰죠. 색깔 배열도 정해져 있었고요. 물감은 미리 다 섞어서 순서를 맞춰놓았어요. 시간 안에 그림을 완성하지 못하면 매를 맞았고, 우린 그걸 당연하게 받아들였어요. 생각을 안 해도 내 손이 움직일 만큼 숙달해야 했죠. 전 끝내 입시에 실패했고요."

수찬이 엄마가 자신의 이야기를 털어놓았다. 그녀가 아들을 데리고 프랑스로 간 이유를 이해할 수 있었다. 수찬이가 포트폴리오 제출해야 하는 기한이 다가오자 그녀도 슬며시 걱정됐다. 그래서 수찬이가 그림을 그리는 아뜰리에를 찾았다.

수찬이 엄마는 아뜰리에에서 일하는 발렌틴(Valentine)에게 에꼴데보자르(École des Beaux-Arts 미술학교)에 들어가려면 어떻게 해야 하냐고 슬쩍 물어보았다.

"그들은 페인트공을 선발하지 않아요."

"네?" 수찬이 엄마가 되물었다.

"가능성을 봅니다."

"가능성을 어떻게 판단하나요?"

"그들은 미친 사람을 뽑길 원하죠."

"설마 정신 이상자를 말하는 것은 아니죠?"

"예술에서는 정상인과 비정상인의 경계가 없어요. 교수들은 예술에 미쳐있는 사람을 뽑을 겁니다. 글을 써보라고 할 겁니다."

"그림을 그리는 것이 아니고요?"

"네…… 글은 생각과 지식을 담는 가장 좋은 그릇이죠. 글을 쓴 후 그 글을 작품으로 표현해 보는 게 에꼴데보자르 입시를 준비하는 좋은 방법이에요. 다양한 재료를 사용하는 것도 중요해요."

"부모가 해줄 건 없나요?"

"수찬이가 겪을 예술가로서의 외로움과 고민을 지켜봐 주는 것이 가족들의 역할이겠죠."

"발렌틴, 여러 가지 조언 고마워요."

"행운을 빕니다."

프랑스에서 미술학교에 다니는 위고(Hugo)는 독특한 헤어스타일에 헐렁한 검은 옷을 즐겨 입는다. 그는 앞머리 절반을 밀고 뒷머리는 길게 땋아 마치 몽골인들의 변발을 연상케 하는 헤어스타일을 고수하고 있다.

위고는 집에 옛날 텔레비전 3~4대를 상자처럼 쌓아 놓고 안테나 대신 파란 장미꽃을 꽂아 놓았다. 침대는 비워두고 바닥에 매트리스를 깔고 거실에서 잔다. 위고 부모는 매우 부유했다. 위고와는 달리 고급 옷을 입었다. 아주 가끔 위고의 집에 와서 아들의 안부를 물었다.

"위고! 요즘 어떤 음악을 즐겨 듣니?"

"나 요즘 떼떼(Tété 프랑스 가수)한테 꽂혔잖아. 아빠는 요즘도 우표수집 해?"

"그럼. 언제 집에 오면 한 번 보여줄게."

부자는 서로의 취미, 최근 본 영화가 무엇인지에 관해 친구처럼 대화했다. 밥을 어떻게 먹는지, 생활비는 어떻게 해결하는지, 옷을 빨아 입고 다니는지…… 사생활을 캐묻는 질문은 하지 않았다. 내가 생각하는 부모다운 질문은 하지 않았다. 자식이 예술가로 태어나면 예술가의 부모가 되어야 한다고 했다. 그것이 부모의 역할이고 운명이라고 했다.

"진시, 프랑스가 왜 수많은 특이한 사람을 받아들이는지 알아?" 위고의 아빠가 물었다.

"왜 그런데요?"

"그중에 천재가 있거든. 엄청난 국가적 이익이지."

"학교 같은 공교육 기관이 잘 받아들이고 있나요? 그런 학생을 수용하기가 불편하지는 않나요? 제각기 개성이 너무 강하면요."

"어느 사회든 남다른 소수가 있어. 특이한 사람이 없는 조직은 썩은 조직이지."

"미술학교를 졸업하면 어떤 길을 가게 되나요? 직업 같은 거…… 먹고 살길은 있나요?"

"예술은 우리 생활 곳곳에 스며있어. 예술가들은 살아있을 때는 세금을 축내다가 죽은 후에 작품을 남겨서 우리 후손을 먹여 살려. 그들이 굳이 지금 벌어야 한다고 생각하지 않아. 국가 전체가 그들을 후원하는 거지."

위고가 한국에서 살았다면 어떤 취급을 받았을까. 괴상한 헤어스타일에 파란 장미를 여기저기 꽂아대며 종일 음악을 듣는다면 그가 예술가로서 존중받았을까. 한국 공교육 기관이 위고를 품을 수 있을까. 그의 '다름'을 받아들일 수 있을까. 한 개인이 또 다른 개인의 다름을 인정하고 배려하는 건 그다지 의미가 없다. 조직이, 사회가 관용하고 수용하는 문화가 성숙 돼야 진정한 변화가 있을 수 있다. 똘레랑스 사회가 되어야 다양성이 지닌 힘이 발현될 수 있다.

5장

아이를 행복하게 하는 양육

tolérance
lecture
débat

01
아이 인생에 너무 깊이 개입하지 않는다

#1

선아는 한국에서 명문 대학을 졸업하고 프랑스에 어학연수를 갔다. 그곳에서 프랑스 남자 제롬(Zérome)과 사랑에 빠져 결혼하고 눌러앉았다. 제롬은 파리 그랑제콜(Grandes Écoles) 출신이다. 그랑제콜은 프랑스 고유의 엘리트 고등교육기관으로 흔히 '대학 위의 대학'으로 불린다. 프랑스의 대학 입학시험인 바칼로레아(baccalauréat) 성적 우수자 중 그랑제콜 입학 희망생들이 2년 동안 준비반에서 공부한 뒤 시험을 거쳐 들어간다.

제롬은 그랑제콜 졸업 후 바로 취업했다. 둘은 무일푼 젊은이들이었지만, 프랑스의 튼튼한 양육 보조 정책 덕에 아이 셋을 낳아 키우는 데 어려움이 없었다. 부부는 한국과 프랑스, 두 나라의 음식, 문화를 즐기며 행복한 삶을 살고 있다.

부부는 유일하게 자녀 교육을 둘러싸고 부딪힌다. 선아는 아이들이 어릴 때부터 열심히 할 수 있게 엄마가 힘써야 한다고 생각했다. 세 아이 모두 그랑제콜에 들어갈 수 있게 키우고 싶어 했다.

제롬은 그랑제콜은 고등학생 때 본인이 갈지 말지를 선택하고 준비할 일이라고 생각했다. 그 이전에는 준비할 게 아무것도 없다고 여겼다.

선아의 첫째 아이 알튀르(Arthur)가 6세가 돼 초등학교 입학을 앞두고 글자를 읽을 줄 안다는 사실이 알려지자 학교에서 연락이 왔다.

"우리는 이 아이를 초등학교 1학년으로 받을 수 없습니다. 1학년 과정 내내 프랑스어를 배울 텐데……, 알튀르는 학교에서 배울 게 없습니다. 그래서 알튀르는 일단 2학년으로 입학시키겠습니다. 프랑스어 이외 다른 1학년 과목을 배울 수 없어 2학년에서 수업하기가 힘들 수 있습니다. 그 부분은 나중에 다시 상담을 요청하겠습니다."

알튀르의 유치원 선생님이 알튀르가 글자를 읽을 줄 안다고 초등학교에 알려줘 학교 측이 이 같은 결정을 내리게 됐다. 프랑스에서는 글자를 익혀 초등학교에 입학하면 '똑똑한 아이'라고 대우하지 않는다. "뭐하러 그랬냐?"라는 시선을 받는다. 배우기만 하면 누구나 글자를 익힐 수 있지 않은가. 그걸 조금 먼저 배운다 한들 뭔 대단한 소용이 있는가, 라는 게 프랑스 초등학교 입장이다.

알튀르의 '월반'은 한국 같으면 은근히 자랑할 수도 있는 일이었지만, 선아는 '그 일'을 아무에게도 말하지 못하고 혼자서 속으로 끙끙 앓았다. 프랑스에서는 다른 아이보다 빠르다는 게 '자랑거리'가 아니기 때문이었다. 오히려 '조금 불편한' 일이다. 6, 7살은 나이에 따른 발달 차이가 크기 때문에 월반하는 걸 좋아하지 않는다. 선아는 입학 전에 글자를 떼면 독서도 빨리 시작할 수 있을 듯해, 한국에서 하듯 미리 가르쳤는데 당혹스러운 상황을 맞았던 셈이다.

그렇다고 프랑스가 획일적인 교육을 추구하는 건 아니다. 타고난 재주가 있는 영재는 유연하게 받아들인다. 예를 들면 뛰어난 음악적 재능을 보이는 아이는 바로 꽁세르바뚜아(Conservatoire)라는 국립고등음악원(한국의 음악대학에 해당)에 나이를 뛰어넘어 입학할 수 있다. 나이 차를 뛰어넘는 재능을 지닌 천재라고 평가받는 아이들에게 그런 기회가 주어진다.

프랑스 부모들은 프랑스의 공교육의 전문성에 절대적으로 의지한다. 따라서 부모들은 가정교육과 예절만 신경 쓰면 된다. 그러니 프랑스 부모는 자녀 양육과 관련해 한국 부모보다 스트레스를 훨씬 적게 받는다.

나는 선아의 남편 제롬에게 "아이가 그랑제콜에 가도록 부모가 돕는 것이 무엇이 나쁘냐?"라고 물어봤다. 제롬은 이렇게 말했다.

"아이가 어떤 노력을 하는 이면에는 부모의 의지가 개입됐을 확률이 높아. 부모가 어떤 걸 하고 싶어 하니까 아이가 그걸 이루어 보여주려고 애쓰는 경우가 많아. 그러면 아이의 행복을 해칠 우려가 있어. 부모가 아이의 학습에 개입하면, 학습 결과가 아이 스스로 이루고 싶었던 목표인지, 부모의 의지에 영향받은 것인지, 학교에서 구분하기가 어려워져. 물론 말려도 열심히 공부하는 아이들이 있어. 그런 아이들은 부모가 놔두지. 전문가들은 '열심히' 혹은 '자기 주도적'으로 공부하려면 중고등학생이 돼야 가능하다고 이야기해. 우리는 그 전문가들의 조언을 따르는 것뿐이야."

알튀르는 2학년 아이들과 관계 맺기를 힘들어했다. 잘 적응하지 못해 다툼이 자주 일어났고, 학교 측에서 심리상담을 받아보라고 권유했다. 선아는 결국 프랑스 정부에서 3번까지 무료로 받을 수 있는 혜택을 주는 어린이 정신과 상담을 예약해야 했다.

#2

프랑스인 알랑(Alain)은 한국에서 태어났다면 수학영재, 언어 천재라는 수식어가 붙었을 사람이다. 그는 그랑제콜 졸업 후 2022년 현재 한국의 대기업에서 일하고 있다. 그의 부모님은 학창 시절 내내 월반 권유를 받았지만, 항상 거절했다. 아이가 또래와 어울리면서 누릴 행복을 뺏고 싶지 않았기 때문이다.

그는 고등학생이 되어 스스로 프레빠(prépa 그랑제콜 입시준비반) 과정을 선택했고, 그랑제콜에 진학했다. 성적은 파리 유수의 그랑제콜에 진학할 수 있었지만, 그는 본인 성적 등급보다 낮아도 입학할 수 있는 지방 그랑제콜을 선택했다. 성적에 맞춰 학교를 선택하지 않고, 자신이 공부하고 싶은 양에 맞춰 학교를 골랐다. 파리의 그랑제콜은 학습량이 많아서 즐길 수 있는 시간이 적다는 게 이유였다. 그는 사진 찍기 취미생활을 즐기려면 대학 등급을 조금 낮추더라도 시간을 확보하는 게 낫다고 판단했다. 성적에 맞춰 눈치게임으로 최대한 상위 대학을 가려는 한국 사회에서 살아온 나로서는 쉽게 이해되지 않았다.

알랑의 부모는 그의 선택에 조금도 불만스러워하지 않았다. 그들은 만사 '아이의 행복'에 초점을 두고 있었다.

안타깝게도 한국 부모들은 '행복할 권리' 대신 '학습해야 할 의무'를 강조한다. 그 보상으로 아이들의 '무례'를 받아준다. 아이의 스트레스 해소를 도울 요량으로…… 입시 준비로 고생하는 아이들에게 '무례'를 허용하는 현상은 한국에서 특이한 일이 아니다. 때로는 그런 사랑 방식 때문에 부모와 자식 양쪽 모두 불행해지기도 한다.

화제였던 드라마 〈SKY캐슬〉에서는 한 아이가 편의점에서 도둑질하며 학업 스트레스를 푸는 장면이 나온다. 그 아이의 엄마는 그런 사실을 알고도 묵인한다. 실제 이런 일이 있다고 해도 말하지 않으니 알 수는 없다. 아이의 신경질과 짜증을 받아주어야 한다고 생각하는 엄마들이 현실에선 많은 게 사실이다.

실제 내 주변에는 공부하는 고등학생 아이에게 밥을 떠먹여 주는 엄마들도 있다. 이것이 문제임을 자각하지 못하는 부모들도 있다.

반대로 부모의 폭력이 암묵적으로 허용되기도 한다. 〈SKY캐슬〉에서 교수 아버지가 쌍둥이 아들에게 폭력을 가하는 장면이 나오는데, 불행하게도 이 장면 역시 현실적이라는 소리를 듣고 나는 할 말을 잃었다.

어느 날 민규 엄마가 울먹이며 하소연한 적이 있다. 아들의 과외비를 벌려고 밤에 대리기사까지 하며 뒷바라지 한 남편이, 아들이 원하는 대학에 가지 못하고 조금 낮은 급의 대학에 진학하자 변기통에 아들의 머리를 처박아 버렸다고 했다. 법률사무소에서 행정업무를 담당하던 민규 아버지는 아들을 꼭 법대에 보내고 싶어 했다. 그 아버지는 동네에서 인품이 좋기로 소문난 분이었다. 그러나 외아들의 대학 진학이 원하는 대로 되지 않자 결국 폭발하고 말았다고 했다. 자식에게 선을 넘은 감정표출을 하면 그건 엄연히 폭력이다.

 지금 우리는 누구의 행복을 위해 아이들을 가르치고 뒷바라지하고 있는지 뜯어봐야 할 때다. 부모와 자식 간이라고 하더라도 서로 독립성을 인정해야 한다.
 과잉 기대하지 말아야 하고, 사랑이라는 미명으로 아이의 인생에 너무 깊이 개입하지 말아야 한다. 그렇지 않으면 불행을 부를 수 있다.
 일정한 거리를 유지하며 격려하고 응원하는 관계가 이상적이다. 사람에 따라서는 그런 수준의 관계 형성이 좀 서운하게 느껴질 수 있지만……

02
아이는 내가 사랑하는 '타인'일 때 가장 잘 자란다

다정이 엄마는 청각장애인이다. 다정이는 초등학교 때 전교회장을 할 정도로 똑똑했지만, 엄마가 학교에 올 수 없어서 늘 의기소침했다. 비 오는 날, 엄마가 우산을 가지고 학교 앞으로 오면 친구들이 볼까 싶어 엄마를 못 본 체하고선 비를 맞으며 집까지 뛰어갔다. 다정이 엄마는 딸 이름을 소리 내 부르지 못해 허둥지둥 뒤쫓아 가야 했다.

다정이는 중학교 입학을 앞두고 유학을 보내달라고 졸랐다. 엄마를 떠나고 싶어 했다.
"그 먼 나라를 너 혼자 어떻게 가니?" 다정이 엄마가 수화로 말했다.

"갈 수 있어! 보내줘! 나 여기서 살고 싶지 않아!"

다정이 엄마는 두말하지 않고 집을 팔았다. 다정이는 커다란 가방을 메고 끌고 혼자 비행기에 올랐다.

전화 통화를 할 수 없는 다정이 엄마는 1주일에 한 번씩 딸에게 편지를 썼다. 열심히 하라는 말은 하지 않았다. "힘들면 돌아와라!" "엄마는 기다린다." "사랑한다." 그런 내용이었다. 다정이는 한 번도 답장하지 않았다. 미친 듯이 공부만 해서 월반을 거듭하고 조기 졸업해 미국의 명문대에 합격했다.

다정이는 그러나 미국대학을 포기하고 한국으로 돌아왔다.

"왜 좋은 대학을 관두고 왔어?" 엄마가 물었다.

"엄마! 나 이제 나 하고 싶은 거 다 했어요. 이제 한국에서 대학 다니며 엄마 옆에 있고 싶어요."

"엄마는 괜찮아. 언제든 네 꿈을 펼치고 싶으면 떠나도 좋아……"

"나 이제 엄마가 안 부끄러워. 나 하고 싶은 거 해주느라 돈 다 쓰게 해서 미안해요."

"난 돈이 필요하지 않아. 쓸 데가 없어. 너한테 쓰는 게 제일 보람 있지."

다정이는 한국에서 명문대에 진학했다. 영어를 잘해서 아르바이트로 용돈도 벌었고, 엄마가 장애인이고 소득이 없어 등록금은 면제받았다.

부모와 자녀의 인생은 씨실과 날실처럼 엮여있다.

나는 다정이에게 왜 미국대학을 포기했냐고 물어봤다.
"포기가 아니에요. 공부하고 싶을 때 공부했고, 엄마를 사랑하고 싶을 때는 사랑할 거예요. 지금은 엄마를 사랑하고 싶은 시기일 뿐이에요. 인생에서 성공은 사랑하는 사람 곁에 있는 것이라는 걸 깨달았어요. 저에게 미국은 도전의 대상이었을 뿐이에요. 제 인생에 가장 큰 선물은 제 엄마를 만났다는 거예요."

다음은 다정 엄마의 편지 중 한 토막이다.

다정아, 사랑하는 내 딸아.
태어나주어서 고맙고 사랑할 수 있게 해주어서 고맙다.
네 인생을 살아주어서 고맙고, 떠날 줄 알아서 고맙다.
언제나 그렇게 너의 인생을 개척하며 살길 바란다.

자녀는 내가 사랑하는 '타인'일 때 가장 잘 자랄 수 있다. 다정이 엄마가 장애를 이유로 딸을 붙잡았다면, 다정이는 무거운 부담을 갖고 평생 살아가야 할 것이다. 다정이 엄마가 14살 어린 딸을 외국에 혼자 내보낼 때 주위에서 말이 많았다. "엄마가 장애인이라 애가 혼자 나간다."

"여자애가 혼자 나가서 안 좋은 일이라도 당하면 어떡하냐?" "공부 그렇게 시켜 뭐하냐?" "자식은 옆에 두고 키워야지." 그런 이야기를 들을 때 다정이 엄마는 이렇게 말했다.

"다정이는 다정이 인생을 사는 겁니다."

자녀를 '타인'으로 인식하고 키워야 한다. 그렇지 못한 경우가 많다. 한국 가정에서는 부모가 자녀에게 말을 함부로 하는 경우가 비일비재하다. 그래도 된다고 생각해 왔다. '내가 낳았고, 키웠고, 사랑하는데, 훈육하려고 말 좀 막 하면 어때서……', 터무니없이 당당하다. 감정 표현도 마음대로 못 하는 게 무슨 가족이냐고 생각하고 당연시하는 잘못된 문화적 풍토 탓이다.

들을 준비가 안 된 아이에게 해대는 막말은 생각보다 큰 상처가 된다. 자존감이 약할 때, 자존심을 건드리는 말은 치명적이다. 부모라고 늘 격려의 말만 하고 살 수는 없다. 사랑한다면 아이가 몇 살인지, 어떤 상황인지, 동등한 관계인지 고려하고 배려해서 말해야 한다.

문제는 어른들의 상황 인식과 이해 부족이다. 다음은 아이의 독서 습관에 관한 저자 강연회에 갔을 때 본 이야기다. 강의가 끝나고 질의응답 시간에 한 참가자는 "8살 아이가 만화책에 집착하는데 어떻게 해야 하죠?"라고 강연자에게 질문했다. 강연자는 능숙하고, 침착하게 답했다. "만화책 좀 읽어도 되니 그대로 두세요!" 나는 아이에게 '집착'이라는 단어를 사용하는 참가자가 '독서 집착'을 하는 것은 아닌가 하는 의문이 들었다. 아이는 색종이 한 장에도, 장난감 하나에도 몰두해서 놀기 마련이다. 아이 특유의 '몰입' 또는 '몰두' 덕분에 특정 영역의 재능을 키울 수도 있다.

참가자끼리 대화를 나누는 시간에 질문을 했던 그 참가자가 이렇게 털어놓았다.

"시댁이 법조인 집안이에요. 아이를 무조건 법조인으로 만들라고 시어른들이 말씀하세요. 애들 공부시키느라고 저는 아무것도 못 하고 살아요."

어쩌면 시어른들은 그냥 손자가 법조인이 되었으면 좋겠다는 희망 사항을 말했을 수 있다. 문제는 며느리가 그 말을 받들 듯 받아들인 데서 비롯됐을 수도 있다. 혹시 좀 강압적으로 이야기했더라도 성인이면 거절할 수 있어야 했다.

며느리는 학력 콤플렉스가 있었고, 아이들이 공부를 못하면 엄마 닮아 그렇다는 소리를 들을까 봐 노심초사 아이들을 들들 볶아 공부시키고 있었다.

만약 시어른들이 아이들을 법조인으로 만들라고 강요했다면, 행복한 아이로 키우겠다고 당당하게 답했어야 하지 않았을까. 자존감 없는 엄마가 아이를 통해 자기 인생을 돋보이게 만들어 보려고 집착하고 있지는 않은가.

아이는 태어나면서부터 독립된 인격체다. 부모가 할 일은 먹이고 입히고 사랑하는 일이다. '어떤 특정 인간'을 만들려고 노력해서는 안 된다.

나는 주변의 말에 휘둘리는 사람들에게 '독서 모임'에 나가보라고 권한다. 독서 모임에서는 각자 자기 생각을 이야기하지만, 좀 더 조심스럽게 말하고 상대방 이야기도 경청해야 한다. 참가자들은 여러 사람의 생각을 듣고, 또한 책을 통해 작가의 목소리도 들음으로써 자기가 가야 할 방향을 찾을 수 있다.

가족이나 이웃의 말에 휘둘리지 않고 독자적인 행복을 찾으려면, 자기 인생을 남편이나 아이에게 이입시키지 말고, 자신이 가진 고유성을 지키며 당당히 살아가면 된다. 아이가 독립적 존재임을 인정해야 한다. 어른이라고 자기 생각을 아이에게 강요해선 안 된다. 그게 자녀 교육의 출발점이 되어야 한다.

03

아이와 건강하게
떨어질 수 있어야 한다

민희 씨가 출산한 지 얼마 안 되었을 때, 프랑스인 모니카(Monica)가 민희 씨 집에 놀러 와서 물었다.

"요즘 어떻게 지내세요?"
"아기 키우고 있어요."
"아기가 조금 크면 어떤 계획이 있나요?"
"아기를 잘 키워야죠."
"아기를 키우는 일 말고, 민희 씨 인생 계획을 묻는 거예요."
"제 인생 목표가 아기를 잘 키우는 일이에요."

"왜 한국 엄마들의 목표는 아이에 있나요? 자신의 인생은 없나요?"

"아이 키우는 일만도 정신이 없어서 다른 생각은 할 겨를이 없어요."

"아이는 금방 자라요. 자기 인생도 챙겨야죠?"

"생각해봐야겠네요…… 분명 아기를 낳기 전에는 내 인생이 있었는데 말이죠. 아기를 다 키우고 나면 할머니가 될 텐데…… 그때 무엇을 시작할 수 있을지 알 수가 없어요."

"3년만 지나면 엄마 자신의 시간이 많이 생겨요."

"그런가요? 저는 아이가 20살 될 때까지 돌봐야 한다고 생각했어요."

"아이만 바라보며 살기엔 인생이 아깝지 않나요?"

"제 아이를 위한 일인데요? 아깝다니요. 모니카는 어떤 인생을 살고 계세요?"

"저는 아이 셋을 키우는 동안 피아노를 배워서 합창단 반주를 하고 와인투어 손님이 오면 가이드를 해요. 제 아이들은 엄마가 엄마의 인생을 살기를 바라죠."

"아이를 키우면서 그게 가능한가요?"

"저는 오히려 어떻게 아이만 키우는 게 가능한지 궁금해요. 아이가 잘 때는 뭘 하죠? 아이가 학교에 갔을 때는 뭘 하고요? 아이가 캠프에 참가했을 때는 뭘 하죠? 그 시간을 다 모으면 분명 자신의 인생에 의미 있는 일을 할 수 있을 텐데 말이죠."

"아이를 낳으면 적어도 20년은 아이에게 희생하는 한국 엄마들이 많아요. 그것이 엄마의 의무라고 생각하고요."

"올라라!(Oh, la la! 놀라거나 안타까울 때 하는 프랑스 감탄사) 아이는 삶의 일부인데 말이죠. 한국 엄마들은 자식의 미래까지 걱정하는 걸 봤어요."

"복지 기반이 약해서일까요? 과거엔 자식이 부모의 노후를 책임졌으니까요. 지금도 복지는 발전 중인 단계이고요. 프랑스 엄마들은 자녀의 미래를 걱정하지 않나요?"

"자녀의 미래를 지켜보죠. 아이가 자라는 모습을 바라보듯. 걱정은 하지 않아요. 한국은 프랑스보다 빠르게 변하기 때문에 자녀와 부모의 성장환경 차이가 더 크겠죠. 우리는 그들의 미래를 짐작할 수 없어요."

"짐작할 수 없다는 불안감에 더 많은 준비를 하는 것이 아닐까요?"

"한국 사람들은 열심히 살지만, 능률이 떨어진다고 보고 있어요. 미래는 맞이하고 대처하는 것이지 불안해하며 준비하는 것이 도움이 된다고 생각하지 않아요."

모니카와의 대화는 한참 이어졌다. 같은 나라 사람과 대화하면 이야기가 한 방향으로 흘러간다. 다른 나라 사람들과 대화하면 이야기가 회오리처럼 제자리에서 맴돌면서 다른 생각을 하게 만든다.

민희 씨는 그 후로도 아이를 키우는 일에 최선을 다했다. '아이의 꿈'

말고 '내 꿈'도 있어야 한다는 말을 가끔 떠올리면서. 50대 주부들은 모임에서 자기소개를 요청받으면 '자기'가 아니라 남편 직장과 아들, 딸을 소개하곤 한다. 엄마들은 '자기소개'를 '가족소개'로 대신한다.

희경 씨는 남편이 박사학위를 받도록 뒷바라지를 했고, 둘째 딸이 미대를 가도록 헌신했다. 그동안 건강은 나빠졌다. 시간에 쫓겨 운동을 제대로 하지 못한 채 탄수화물로 허기를 채우다 보니 살도 많이 쪘다.

그녀는 사색을 좋아하는 문학소녀였지만, 성적에 맞추어 그 당시 인기 있었던 S대 공대에 진학했다. 대학 시절은 전공이 맞지 않아 억지로 공부했고, 그러다 보니 관련 회사로 취업하기는 더더욱 싫어서 결혼을 택했다.

그녀는 50대 중반에 D대 철학과 석사과정에 등록했다. 원하는 분야 공부를 해보고 싶어서였다. "빚내서 그 나이에 뭐하러 석사를 하냐?" "무모하다." "제정신이 아니다." "그냥 책 읽으면 되지 꼭 학교 다녀야 하냐?" "아파트를 사야지…… 빌라 살면서 무슨 공부냐?" 오만소리를 다 들었다.

그러나 교수님과 이야기를 나누고, 한참 어린 학생들과 학교 식당에서 밥 먹으며, 하고 싶은 공부를 마음껏 했던 그 시절을 후회하지 않는다. 그녀는 내친김에 대출을 받아 어학연수까지 3개월 다녀왔다. 돈은 살면서 조금씩 갚으면 되지만 더 나이 들면 어학연수를 할 엄두가 나지 않을 것 같아서였다.

  프랑스 대학 입학 서류에는 여자는 '미혼', '기혼', '이혼', '미혼모', '과부', 남자는 '미혼', '기혼', '이혼', '미혼부', '홀아비' 칸 중 하나를 표시하게 되어 있다. Veuve의 의미를 몰라 사전을 찾았다가 한국에서도 별로 들어보지 못한 '과부'라는 뜻에 놀랐던 기억이 난다. 미혼이면 싱글 기숙사, 기혼이면 2인용 기숙사, 미혼모이면 아이를 키울 수 있는 기숙사를 신청할 수 있다. 국립기숙사에 들어가지 못하면 사립기숙사를 사용할 수 있고, 자녀 수가 많으면 아파트를 배정받을 수도 있다. 프랑스에서는 아이를 키우다가 다시 학교 다니거나, 공부하는 게 그렇게 이상한 일이 아니다. 내 프랑스 입양아 친구인 오딜도 두 아이를 3년 정도 키우고 30살에 건축학교에 다시 입학했다. 20살에 무엇을 할지 몰랐지만 뒤늦게 건축 공부를 하고 싶어져서였다. 취업에 나이 제한도 없다. 좀 느리거나, 늦게 시작했거나, 덜 벌거나, 그런 것은 프랑스인들에게는 중요한 일이 아니다. 이런 표현은 '비교'의 결과인데, 프랑스인들은 비교를 거부한다. 오히려 늦게 시작하면 '인생이 풍요롭구나', 적게 벌면 '시간 여유가 많겠구나', 라고 표현하기도 한다. 개인의 선택을 누구도 관여하고 간섭하지 않는다. 판단의 대상이 아니다. 자녀 양육은 경력 단절의 이유가 되지 못한다. 존경받는 일이다. 아이가 태어났다고 해서 하고 싶은 일을 하지 않는 사람은 없다.

명문대를 나온 경미 씨의 일과는 아침에 아이를 학교로 데려다준 후 집안일을 하다가 1시쯤 학교에 데리러 가서 영어학원에 데려다주고 기다렸다가 다른 학원으로 데려다주고 저녁 5시쯤 집에 오는 것이다. 저녁 식사 후엔 학원 숙제를 돌본다.

픽업에 지친 그녀가 전화해서 행복하지 않다고 하소연했다. 그녀가 '선택'한 인생인데 행복하지 않았다. 정원 딸린 집에서 살기 원하면 학원 수를 줄여야 하고, 원하는 학원을 다 보내고 싶다면 학원가 근처로 이사를 할 수밖에 없다. 시스템을 고정한 채 인생을 한탄할 수는 없다.

그녀는 늘 "아이 때문에 어쩔 수 없이 이렇게 산다"라고 말했다. 그녀를 어쩔 수 없게 만드는 것은 '아이'가 아니라 '그녀 자신'이었다. 아이가 그녀 발목을 붙잡는 것이 아니라 실은 그녀 자신이 어떻게 살아야 할지 모르기 때문이었다.

나는 차라리 '나답게' 사는 희경 씨의 반란에 손뼉 쳐주고 싶었다.

아이의 밝은 미래를 원한다면 아이에게서 '해방'되라고 말하고 싶다. 나도 내 꿈을 펼칠 권리가 있지 않은가.

'희생'만 아이들을 사랑하는 법은 아니다. 떨어져야 진정한 사랑을 이룰 수 있다. 아이들과 건강하게 떨어질 수 있어야 한다. 나도 '내'가 있어야 '분리'할 수 있다. 아이는 부모의 품에서 해방되어 스스로 살아갈 방법을 탐구해야 한다. 부모 또한 자녀로부터 해방되어야 더 많은 사회적 관계 속에서 조금 더 많은 사람에게 사랑을 나눌 수 있다.

 부모는 자녀가 넘어졌을 때 손을 잡아 줄 수 있지만, 업고 갈 수는 없다. 너는 너의 모습대로, 나는 나의 모습대로 살아가려면 서로 다름을 인정하고 벗어나야 한다. 진정 사랑하기 위해.

04
형제의 다름을 인정하다

 6학년 세호는 어릴 때부터 책을 좋아했다. 엄마도 책을 많이 사주었다. 2살 터울 동생 세준이도 영특했다. 두 아이의 엄마인 미영 씨는 똑똑하고 성실한 두 아들 덕에 이웃의 부러움을 샀다.
 동생 세준이는 친구들보다 어려운 문제도 척척 풀었다. 미영 씨는 은근히 세준이에게 큰 기대를 걸고 있었다. 그런데 어느 날 세준이가 학교에서 있었던 국어 단원평가에서 30점을 받아왔다. 미영 씨는 믿기지 않았다. 형 세호는 90점 이하로 받아온 적이 없었기에 더욱 세준이 점수가 이해되지 않았다. 세준이는 평소 공부도 잘하고 책도 많이 읽는데 어찌 된 일일까. 미영 씨가 고민을 안고 찾아왔다.

"세준이가 학교 국어 단원평가를 잘 못 봤어요. 공부를 시킨다고 시켰는데 왜 그런지 모르겠어요. 4학년인데 국어 학원을 보내야 할지? 논술 학원을 보내야 할지? 고민이 되어서 왔어요."

"아이들은 그날 컨디션에 따라 실수도 많이 하잖아요. 세준이가 몸이 안 좋았던 것은 아니고요?" 평소 세준이가 공부를 잘한다는 말을 들었던 터라 나는 다른 의심은 하지 않았다.

"전혀요. 집에서 제가 해 놓으라고 하는 문제집은 곧잘 풀거든요. 그런데 더 쉬운 학교 시험은 잘못 보는 거예요."

"답안지는 엄마가 따로 보관하나요?"

"그럼요."

"세준이가 공부하는 교재 좀 볼 수 있을까요?"

"여기…… 세준이가 풀던 문제집이에요."

미영 씨가 가져온 문제집은 세준이보다 한 학년 앞선 5학년 문제집이었다.

"세준이 단계가 빠르네요."

"네, 집에서 전 단계는 다 끝냈어요. 세호보다 잘하는 것 같아요. 그런데 단원평가 성적이 왜 그렇게 나왔는지…… 사실 충격이에요. 실수겠죠?"

"일단 아이들이 어떻게 공부하는지 한 번 볼게요."

나는 미영 씨의 고민을 염두에 두고 아이들을 관찰해보았다. 아이들은 다 조용히 공부했고 별다른 특이 사항은 보이지 않았다. 단지, 세호는 모르는 문제가 나오면 스스로 고민했고, 세준이는 조금만 몰라도 형에게 물어보곤 했다. 처음에는 형제간에 흔한 일이라 대수롭잖게 생각했는데, 세준이가 물어보는 횟수가 잦았다. 세준이 옆에는 늘 세호가 있으니 세준이는 스스로 고민할 일이 없었다.

 수업이 끝날 무렵 보니까, 세호는 6학년 문제집을 3쪽, 세준이는 자기보다 한 학년 높은 5학년 문제집을 4쪽 풀었다. 미영 씨가 보았을 때 세준이가 공부를 더 잘한다고 여길 법했다.

 미영 씨는 직장을 다니고 있어서 세호가 동생을 잘 가르쳐주는 착한 형이라고만 생각했다. 세준이가 세호에게 의지했을 뿐 스스로 공부한 적이 별로 없다는 사실은 알지 못했다. 내가 세준이에게 "네가 한 번 생각해봐!"라고 하자 세준이는 한숨을 내쉬었다. 그러곤 물어보고 싶어서 형 얼굴만 쳐다봤다. 내가 "세준아, 이 문제를 네 힘으로 풀 수 없다면 네가 풀 수 있게 단계를 낮출게"라고 말하자, 세준이는 "엄마한테 혼날 텐데……"라며 우물쭈물했다. 그런 세준이에게 "틀려도 괜찮으니까 이제부터는 세준이 혼자 공부해봐!"라고 충고했다.

 세호는 동생을 가르쳐 주어야 하는 부담을 벗어 복습까지 할 수 있게 되었다. 당연히 실력이 쭉쭉 뻗어 올라갔다. 세준이는 그동안 온전한 자기 실력을 쌓지 못한 채 형 덕에 순간순간을 모면해 온 셈이었다. 그러니 세준이는 학년이 올라갈수록 혼자 공부하기가 힘들었다. 이제 잘

못된 습관을 고쳐야 할 때였다.

　한 가정, 같은 부모에서 태어난 형제는 비슷한 환경에서 성장한다고 생각하지만, 세호와 세준이는 다른 환경에서 자라고 있었던 셈이다. 세호는 형으로서, 세준이는 동생으로서가 아니라 세호는 세호로서, 세준이는 세준이로 키워야 한다.

　세호, 세준이는 다른 기질의 아이들이다. 엄마가 "세호가 책을 많이 읽는구나!"라고 칭찬하자 세준이도 책을 잡기 시작했다. 읽는 게 아니라 읽는 척만 했다. 엄마의 관심이 책이어서, 자신도 형처럼 칭찬 듣고 싶어서. 숙제나 엄마가 내미는 문제집도 형에게 도움을 받아 해결했다. 공부는 하기 싫었지만, 엄마를 실망시키고 싶지는 않았기 때문에.
　세호가 5살에 한글을 뗐다고 세준이가 5살에 떼야 하는 건 아니다. 세호가 책을 좋아한다고 해서 세준이가 책을 좋아해야 할 까닭은 없다. 양육은 아이들을 멋진 인간으로 완성하려고 다듬는 게 아니다. 아이 본 모습을 그대로 간직한 채 사회에 잘 적응하도록 도와주는 것이다.

　아지트에 오는 아이 중 자기 수준에 맞지 않는 교재로 공부하다가 온 아이들이 상당수 있다. 어려운 문제를 학원 강사가 답을 가르쳐주며 가르치니 아이가 안다고 착각한다. 학원 숙제를 스스로 감당할 수 없어서 숙제하려고 별도로 과외를 받기도 한다. 모든 공부는 스스로 할 수 있는 수준에 맞추어져야 하고, 탐구할 시간을 주어야 한다.

교사나 부모는 아이가 탐구하고 생각할 수 있도록 자료를 제공해 주고, 이야기를 나눠 주고, 기다려 주어야 한다. 아이는 답을 찾으려고 자연히 독서를 하게 된다. 답은 한 번에 찾아지지 않는다. 수많은 책을 읽고 생각을 잇고 조합하는 과정을 거치며 창의력과 사고력이 길러진다. 부모가 답을 재촉하면 아이는 생각을 할 수 없다.

미영 씨에게 세준이의 문제집 단계를 낮추어야 한다고 이야기를 하자 실망하는 기색이었다. 나는 세호와 세준이를 별도 공간에서 공부하게 해보라고 권했다. 세준이의 진짜 실력을 엄마가 아는 것이 좋겠다고 조언했다. 또 세준이가 문제집 푸는 것을 그만두고 다양한 독서를 하게 하라고 충고했다. 동화책 속 인물들을 통해 다양한 감정을 추측하고, 자기감정을 읽도록 독서 후 그림을 그리게 해보라고 말했다. 자기 그림 실력을 인정하고 잘 그리지 못해도 즐겁게 해보길 바랐다. 자기에 대해 솔직해지면 자기에게 맞는 효율적인 학습법을 찾아갈 수 있다.

세준이는 자기 수준에 맞게 글밥이 적은 책을 읽기 시작하면서 차츰 책 읽는 재미를 느꼈다. 공부는 보여주려고 하는 게 아니다. 스스로 즐기려 하는 것이다. 그런 경험을 충분히 하고 난 후, 얼마나 제대로 즐겼는지 확인해 보는 차원에서 문제집을 풀어보게 해야 한다.

뤽(Luc)과 장(Jean)은 보르도에서 와인을 생산하는 부농의 아들이다.

그들 가족은 샤또(château 성 또는 성같은 집)에 살았고, 엄마 마린느(Marine)는 아이들을 사립 국제학교에 보냈다. 그녀는 아이들이 포도농장을 물려받아 전 세계로 뻗어가는 와인 사업을 하길 원했다. 포도 수확철이 되면 뤽과 장은 항상 부모를 도왔다.

뤽은 농장 일을 할 때도 늘 하늘을 바라보며 별자리를 살폈다. 그는 천체와 수학에 관심이 많았다. 수시로 하늘을 쳐다보는 뤽을 보며 마린느는 일에 집중하라고 채근하지 않고 지그시 바라보기만 했다. 아쉽지만, 뤽이 포도농장을 물려받지 않으리라고 짐작했다.

뤽은 일하다 말고 종종 땅에 숫자를 쓰고 생각에 빠지곤 했다. 일손이 재빠른 장과는 대조적이었다. 그래도 마린느는 뤽에게 "왜 딴짓하냐?"라며 야단치지 않았다. 숫자와 놀며 일하는 아이의 방식을 받아들였다. 아빠가 뤽을 못마땅하게 여길 때면, 마린느는 "뤽과 장이 똑같은 사람이 아닌데 어떻게 똑같이 일을 할 수 있느냐?"며 "아이들이 아이들 방식대로 일하게 두자"고 설득했다.

프랑스 엄마들은 아이들에게 어떤 목표를 제시하거나 설득하지 않는다. 또한 특정 방향이나 목표로 아이를 이끌거나 유도하지도 않는다. 아이가 평생 좋아하면서 살 수 있는 일을 찾을 수 있게 기다린다. "좋아하는 일이 뭐냐?", "빨리 좋아하는 일을 찾아라!"라고 묻거나 닦달하지도 않는다. 그냥 놔둔다.

뤽이 포도농장이라는 환경에서 자라면서도 적성을 찾아 발전시킬 수 있었던 까닭이다. 뤽은 수학과로 진학했다. 졸업 후 직장에 바로 들어가지는 못했다. 정부의 도움으로 버텨야 했고 가난했다. 항상 구멍 난 니트를 입고 다녔다. 수학 석사를 마치고 직장을 잡기까지 긴 가난을 겪어야 했지만, 후회하거나 불행해하지 않았다.

"부모 일을 물려받지 않아 경제적으로 고통받는 것 같은데 후회하지 않느냐?"라고 물어봤다. "바캉스를 해외로 갈 수 없다는 점 빼고는 불편한 점을 못 느낀다"가 답이었다. "포도농장을 왜 물려받지 않냐?"라고 물었더니, "얼굴이 햇볕에 타는 게 싫어서……"라고 대답했다. 그들은 태어나면서부터 자기 적성을 찾아 사는 걸 자연스러워한다. 그래서일까. 원하지 않은 일을 하지 않는 데에 복잡하고 심각한 이유도 붙이지 않았다. 삶의 방향을 결정하는 데에 자신의 생각이 우선시되기 때문이다.

뤽은 내 질문을 의아해했다. "너무나 당연한 걸 왜 물어보느냐?"는 눈치였다. 오랜 고정관념에 금이 가는 순간이었다. 우리는 적성보다 무슨 일을 해야 사회에서 대접받고 돈을 많이 받을 수 있을까를 중시하며 살아가고 있지 않은가.

뤽이 행복한 삶을 살아가고 있는 건 부모의 똘레랑스 덕분이다. 세호, 세준이 엄마 미영 씨도 똘레랑스를 발휘해야 하지 않을까. 아이들이 더 행복한 삶을 살아갈 수 있게……

05
개성 있는 아이로
클 수 있게 도와야 한다

    6학년 세영이, 5학년 다영이 자매는 공부하는 자세며 습득력이 남달랐다. 글 쓰는 속도도 다른 아이들의 서너 배쯤 빨랐다. 아이들 글은 학부모와 공유하는데 세영이, 다영이 엄마는 매우 흡족해했다. 예의 바르고, 착실하고, 공부 잘하고, 나무랄 데 없는 자매였다. 나도 늘 자매를 칭찬했다. 초등학생이었지만 중학교 수업을 해도 문제가 되지 않을 정도였으니, 가르치는 재미가 있었다.

    자매가 탁월하기는 했지만, 늘 뭔가 아쉬움이 남았다. 그 무엇인가는 쉽게 찾아지지 않았다. 어느 날 갑자기 눈이 확 열리며 그 뭔가를 확인할 수 있었다. "같은 주제로 글을 써라!"라고 했더니 둘의 글이 90% 일치하지 않는가. '독후감이니 줄거리를 많이 쓰다 보면 그럴 수도 있겠지……' 그렇게 여기고 그냥 넘어갔다. 두 번째 글도 자매의 글은 거의 같았다. 모든 글의 제목은 〈마지막 잎새를 읽고〉처럼 '무엇을 읽고'였다. 아이들에게 제목을 바꿔보라고 했다. 긴 글도 일사천리로 써 내려가던 아이들이 제목하나 바꾸는데 10분 이상 끙끙 앓았다.

분위기를 바꾸려고 "어린이날 뭐하냐?"라고 물으니 아이들은 단정한 어투로 "공부를 조금 덜 해요"라고 대답했다. "어린이날도 공부하니?"라고 되묻자 "네"라고 로봇처럼 답변한다. "그래? 그날은 어딜 가도 차도 막히고 기다려야 하니까……"라고 위로하려다가 말았다. 완벽해 보였던 이 아이들에게서 빠진 게 뭘까. 곰곰이 생각해보았다.

"얘들아, 이 운동화를 팔아야 한다면 어떻게 팔래?"

"'품질이 좋고 튼튼하게 만들었어요. 아주 좋은 운동화입니다'라고 말할 거예요." 묻자마자 세영이는 바로 대답했다.

"너희들 N운동화 알지?"

"네."

"그 운동화가 왜 유명한지 알아?"

"잘 만들어서요."

"물론 잘 만들기도 했지만, 그 운동화는 제품을 판 것이 아니고 이야기를 팔았어. 이 운동화를 신으면 시련을 극복한다는 이야기 말이야."

아이들 눈이 반짝반짝했다. 이어서 물었다.

"아줌마들이 명품가방 좋아하지?"

"네."

"크기와 재료가 비슷한데 왜 이 가방은 10만 원이고 저 가방은 500만 원이지? 뭐가 다른지 알아?"

"몰라요."

"이미지가 가진 가치가 다르기 때문이야. 이미지는 이야기를 담아내는 것이고. 남들은 가방을 10만 원에 파는데, 프랑스는 비슷한 가방을 어떻게 1,000만 원에 팔지? 그런데 프랑스의 비싼 가방이 팔리잖아, 그 이유는 뭘까?"

"그러게요. 정말 이상해요."

"프랑스에는 경영학과 이외에 명품경영학과가 따로 있어. 그들은 비슷한 제품을 100배가 넘는 가격으로 팔려고 제품에 이미지를 담는 걸 연구해. 그 이미지는 사람들 심리를 이용해서 만들지."

"품질이 더 좋아서 비싼 줄 알았어요." 다영이가 놀라워했다.

"사람들은 어떤 물건은 더 싼 걸 찾고 깎으려고 애쓰면서도, 왜 어떤 물건은 비싼 데 좋아할까?"

아이들이 고개를 갸우뚱거렸다.

"명품은 인간의 욕구를 최대한 고급스럽게 드러낼 수 있게 해주기 때문이야. 명품에는 고유의 가치라는 이미지가 담겨 있지. 명품을 대하는 자세도 나라마다 달라. 프랑스인들에게 명품은 여윳돈으로 살 수 있는 수준의 상품이란 뜻이야. 그래서 그들은 명품가방을 버스 의자 아래에 함부로 놔. 한국인에게 명품은 돈을 모아 산 귀중한 물건이어서 지하철에서 전부 무릎 위에 올려 소중하게 안고 있어. 나라마다 명품에 대한 인식에 약간 차이가 있어. 이런 이야기를 하는 이유는 고정관념을 깨자는 의미야. '좋은 글'이란 고정관념을 바꿔보자. '이렇게 써야 한다'라고 배운 틀을 깨고 '너희 생각'을 찾는 거야. 모험하듯이. 좋은 글은 잘 요약한 글이 아니고 고유의 생각을 담은 글이야. 너희들은 글을 정말 잘 써. 이 정도면 학교에서 상을 받을 거야. 다음 시간부터는 너희의 모든 틀을 깨보자. 여기서 잘 쓰려고 애쓸 필요 없어. 그냥 엉망이라도 괜찮으니까 세영이, 다영이 너희들의 생각을 끌어내 보도록 하자. 한 시간에 한 줄을 써도 상관없어."

아이들 눈빛이 불안해 보였다. 항상 정해진 시간에 정량을 써온 아이들이었으니…… 다른 초등학생들은 글을 요약도 잘 못하는 데 비하면, 자매의 글쓰기 능력은 뛰어났다. 즐기지 못하는 게 문제였다. 다른 아이들은 자신들이 상상하는 이야기를 자기 자신에게 푹 빠져 쓴다. 상상의 나래를 펴며 즐긴다. 나는 어린이의 글은 그렇게 즐기며 써야 한다고 생각한다.

세영이, 다영이 자매는 교육도 잘 받고 모범적으로 자랐다. 평생 반

듯하게 잘 살 수도 있다. 행복할 거라고는 장담할 수 없다. 행복은 '남'이 아닌 오로지 '나'로부터 나오지 않는가. '잘난 나'보다는 '나다운 나'가 더 행복하다. 공부는 행복하게 살려고 하지 않는가. 행복의 출발점은 실패다. 좀 과장하면 실패는 할수록 좋다. 그때 부모는 다시 일어설 수 있도록 격려만 해주면 된다.

아이들의 학습 결과에만 관심을 가져서 '행복'을 놓칠 때가 많다. 그래서 IB수업이나 프랑스 초등교육에선 결과에 관심을 두지 않는다. 이 아이가 무엇을 할 때 행복해하는가. 어떤 방식으로 공부했을 때 집중하는가. 그런 부분을 함께 고민해 주는 게 부모의 역할이다.

'성취'는 아이가 스스로 해야 한다. 아이들이 '엄마의 행복'이 아닌 '자신의 행복'을 찾을 수 있게 도와주기만 하면 된다. 자매에게는 '틀'을 깨뜨리는 수업이 절실했다. 자신이 누구인지, 진정한 자신의 목소리와 생각을 표현하는 게 왜 중요한지, 그런 걸 스스로 깨치고 터득해야 행복한 미래를 기약할 수 있다.

그러지 않고 남이 만들어 놓은 기준에 따라 아이가 얼마나 성취했는지 가늠한다면 갈등이 생길 수밖에 없다. 노래를 좋아하는 아이는 가사 쓰기로, 연극을 좋아하는 아이는 희곡 쓰기로, 만들기를 좋아하는 아이는 팝업 책 만들기로, 식물을 좋아하는 아이는 관찰일기를 쓰기로, 아이들은 하면서 즐거움을 느끼는 일을 나름대로 선택해 몰두할 때 행복해한다. 그렇게 자기 이야기를 담은 글은 자기만의 색깔이 있어서 가치가 있다. 자매에게 부족했던 뭔가는 바로 '개성'이었다.

세계적으로 명성이 자자한 파리 보자르(Beaux-Arts de Paris 미술학교)는 응시생이 그린 그림들의 작품집인 포트폴리오(Portfolio)와 면접으로 입학 여부를 결정한다. 고졸 학력이면 응시할 수 있다. 시간 안에 완성해야 하는 그림 실기 시험은 없다.

한 번은 파리 보자르에 한국 학생이 포트폴리오를 제출했는데 학교에서 난리가 났다. "천재가 아냐?" "어떻게 학생이 이런 실력이 가능한가?" 사실 그 포트폴리오는 한국에서 미술 교사의 지도를 받아 만든 것이었다. 그 학생의 포트폴리오는 한국의 보자르 준비 학원으로 흘러들었고, 이듬해 여러 명의 한국 학생이 '족보'를 이용해 포트폴리오를 만들었다. 프랑스에서는 유독 한국 응시생의 포트폴리오가 완성도가 높은 것을 의아하게 여겼다. 주목의 대상이 됐다. 학교 측은 한국 응시생의 포트폴리오를 유심히 살폈다. 그리고 포트폴리오에 개성이 없고 유사성이 발견된다며 한국 응시생을 모두 탈락시켰다.

개성은 두드러짐이 아니고 개인의 고유성이다. 그래서 개성이 없으면 존재가 무의미하다.

다름을 인정한다는 것은 조금 다른 것쯤 봐준다는 의미가 아니다. 다르지 않으면 문제가 있다는 사실을 인식하고 각자가 가진 다름을 발굴해야 한다는 뜻이다.

06
아이의 행복을
막을 권리는 없다

　우재는 8살 때부터 축구광이었다. 매일 축구 유니폼을 입고 공을 껴안고 다녔다. 우재 엄마는 처음에는 남자아이니까 으레 운동을 좋아하려니 하고 놔두었다. 축구를 주 1회 하더니 주 3회로 늘고, 원정까지 가서 시합을 해도 어린 시절 추억 만들기쯤으로 여겼다.

　초등학교를 졸업할 무렵, 우재는 축구부가 있는 중학교에 가서 선수가 되겠다고 선언했다. 우재 엄마는 "운동선수라니 말도 안 된다"라며 펄쩍 뛰었다. "축구를 취미로 하는 건 괜찮지만, 선수는 안 된다"라고 단호히 선을 그었다.

　"축구선수라니? 그게 아무나 하는 건 줄 알아? 하다가 다치기라도 하면 공부도 못하고 축구도 못하고…… 그러면 뭐 하고 살 건데?"
"그래도 축구를 하고 싶어요. 엄마. 제발!"
"선수는 절대 안 돼. 앞으로 축구학원 다니는 것도 영어랑 수학 공부 다 해 놓고 성적이 좋으면 허락해 줄 거야."

 우재는 축구를 하려고 책을 펼쳐 들었지만, 책 위에서 공이 아른거려 공부에 집중할 수 없었다. 종일 축구 생각밖에 나질 않았다. 빨리 나가 축구공을 차고 싶어 문제집은 답안지를 베껴 넣었다. 그러던 어느 날 영어학원에서 우재 엄마에게 연락이 왔다.

"어머니, 우재가 오늘도 안 왔네요."
"네? 뭐라고요? 아까 분명히 영어학원이라고 했는데……"

 우재 엄마는 직장에 반차를 신청하고 직감대로 허겁지겁 운동장으로 쫓아갔다. 예상대로 우재는 땀을 뻘뻘 흘리며 공을 차고 있었다. 우재를 집으로 데려와서 처음으로 매를 들었다. 결혼 후 6년을 기다려 얻은, 마흔에 낳은 장손이어서, 귀하디귀한 아들이라고 땅에 한 번 내려놓지 않고 키웠는데, 거짓말을 하다니…… 우재 엄마는 배신감에 몸을 떨었다. 괜스레 시어머니한테 받은 설움까지 밀려와서 눈물이 주르륵 흘렀다.

"너 하나 잘 키우려고 엄마가 직장까지 다니는데……"

우재는 고개를 푹 숙였다. 꿈이 깨지고, 어두운 동굴로 걸어 들어가는 아이의 모습이었다. 우재 엄마는 축구 한다고 공부를 등한시하다가 프로선수가 못되면 아들 인생은 어떻게 될지 걱정이었다. 축구를 좋아하는 수많은 초등학생 중 몇 명이 프로선수가 된단 말인가. 그냥 평범하게 공부해서 좋은 대학 나와 취업하고 결혼하면 행복한 인생 아닌가. 우재 엄마의 고민은 깊어만 갔다.

"넌 머리도 좋고 공부도 곧잘 하잖아. 축구는 취미로만 하면 안 되겠니?"

우재 엄마가 다시 한번 설득했지만, 우재는 입을 꾸욱 다물고 말이 없었다.
우재 엄마의 고민이 안타까웠다. 프랑스 엄마는 어떤 생각을 할까? 축구 하는 아들을 키우는 친구 델핀(Delphin)에게 인터넷 전화를 걸어 물어보았다.

"안녕? 델핀, 잘 지냈어?"
"안녕? 진시, 나는 잘 지내. 너는?"

"응, 나도 잘 지내. 궁금한 점이 있어서 전화했어."

"응, 뭔데?"

"네 아들 미카엘(Mickaël)이 축구를 한다고 했지?"

"응, 미카(Mika 미카엘의 애칭)? 축구 행복하게 하고 있지."

"축구 하는 걸 허락하는 데 망설임은 없었어?"

"허락? 무슨 뜻이야?"

"미카엘이 축구를 한다고 했을 때, 너는 고민하지 않았느냐는 뜻이야."

"내가 왜?"

"직업으로서 축구선수가 힘들까 봐……"

"미카는 아직 중학생이고 축구를 사랑하고 즐기고 있어. 무슨 고민을 해야 하는데?"

"프랑스에서 축구선수 되기가 어렵지 않아?"

"나는 미카가 축구선수가 되지 않아도 상관없어. 축구선수는 준비 과정에서 부상으로 실패할 수도 있고, 실력이 부족해서 안 될 수도 있어."

"그럼 엄마로서 축구선수가 안 될까 봐 걱정되지 않아?"

"걱정은 없는데? 미카가 축구를 원할 때까지, 할 수 있을 때까지 하면 되는 거 아냐?"

"축구를 하다가 그만두어야 하면?"

"그만두면 되지? 뭐가 문제야?"

"축구를 하는 시간에 공부를 더 했거나, 또는 축구를 더 오래 하다가 나중에 다른 직장을 갖는 데 시기를 놓칠 수도 있지 않아?"

"미카는 학교에 잘 다니고 있고 공부는 축구와는 상관없다고 생각해. 축구를 하든 안 하든 공부는 자기가 원하는 시간만큼 하면 되지 않을까? 그리고 그가 축구를 하다가 그만두어서 몇 년 직장에 늦게 들어가면 오히려 좋지, 뭐…… 직장에 다니는 대신 몇 년 동안 자기가 사랑 하는 걸 했으니까. 좋아하는 일을 못 하게 할 까닭은 없지 않을까?"

"더 미리 준비했다면 안정된 직장을 구할 수 있는데 축구 때문에 준비를 못 할 수 있잖아?"

"미카가 미치도록 사랑하는 축구를 하는 순간은 그 어떤 것과도 바꿀 수 없어. 만일 그가 축구를 하다가 다른 직장을 구해야 한다면 그때 가서 알맞은 직장을 구하고 준비하면 돼. 몇 살에 무엇을 해야 한다는 법은 없잖아? 이 세상에 더 나은 직장이라는 건 없어. 자기가 사랑하는 일을 하는 지금, 이 순간을 사는 게 인생이지. 나에겐 미카가 자기의 행복을 선택하는 걸 막을 권리가 없어."

"델핀, 너의 이야기가 많은 도움이 됐어. 고마워!"

"진시, 네가 어떤 고민을 하든, 부모는 미성년 자녀가 불행해지는 걸 막을 의무는 있지만, 행복을 막을 권리는 없어! 너도 잘 알잖아?"

"세라비(C'est la vie. 그것이 인생이지), 조언 고마워. 비쥬(Bisou 전화나 편지에서는 볼에 뽀뽀하는 인사를 대신해 말로 하기도 한다)."

"비쥬, 비쥬."

좋아하는 일을 원할 때까지 하는 걸 우리는 왜 두려워할까. 성공의 잣대가 어디에 있길래 우리는 안정된 길만 권유할까. 아이들이 가려는 길을 열어주고 어떤 길을 가든 응원해주는 게 부모의 몫 아닐까. 아이의 다름을 너그럽게 받아들이고, 인정하고, 기다려 주고, 배려하는 태도…… 아이의 행복을 위해 부모는 똘레랑스를 실천해야 한다.

며칠 후 우재 엄마가 연락해왔다.
"축구…… 해보라고 하려고요."

07
아이에게 책은
세상과 타인을 이해하는 통로다.

    아파트 엘리베이터에서 대여섯 살쯤 된 아이가 한 청년의 허벅지를 만졌다. 당황한 청년이 밀치는 바람에 아이는 넘어지고 말았다. 아이 엄마는 죄송하다며 청년에게 사과했다. 동시에 휴대폰을 꺼내 울음이 터지기 일보 직전인 아이에게 뽀로로 영상을 틀어주었다. 아이는 익숙한 듯 울지 않고 영상을 보았다.
    유모차 안에는 2살쯤 된 아이가 앉아있었다. 젊은 엄마는 한 손엔 휴대폰을, 한 손은 유모차 손잡이를 잡고 있었다. 엘리베이터가 1층에 다다르자, 엄마는 첫째 아이 손을 잡고 내리려 했다. 다른 손은 여전히 휴대폰을 들고 있었다. 엄마가 유모차를 밀려고 휴대폰 영상을 끄자 첫째 아이는 떼를 쓰기 시작했다. 아이 엄마는 난감함에 진땀을 흘렸다.

옆에서 보다가 안타까운 마음에 유모차를 밀어주었다. 젊은 엄마는 나에게 연신 고맙다고 인사했다. 그 사이 첫째 아이는 유모차에 있는 동생을 때려 울렸다. 엄마는 유모차를 서둘러 밀며 일단 자리를 뜨려 했다. 엄마의 걸음이 빨라져 떨어지자 첫째 아이는 그 자리에 선 채 발을 동동 구르며 소리를 질렀다. 엄마가 다시 휴대폰 동영상을 틀어 유혹하자 아이는 그제야 엄마에게 다가갔다.

내리막길에 유모차가 살짝 미끄러져 다시 유모차를 잡아 주었다. 그런데 첫째 아이가 이번엔 내 허벅지를 잡았다. 나는 아이 손을 허벅지에서 떼며 자연스럽게 "안녕?"하고 인사했다. 아이가 내 얼굴을 빤히 쳐다봤다.

"얘가 이렇게 항상 지나가는 사람들 허벅지를 만져요. 정말 죄송해요." 아이 엄마가 또 사과했다.

"괜찮아요…… 너 이름이 뭐니?" 나는 아이에게 물었다.

"왜요?" 아이가 눈을 동그랗게 뜨고 올려보며 되물었다.

"응, 참 씩씩하게 잘 생겨서."

"지호요. 제 동생은 민호예요."

"그렇구나. 그런데 아줌마가 맘에 들어? 왜 허벅지를 만졌어?"

"뽀로로 보려고요."

"그런데 아까처럼, 만지는 걸 싫어하는 아저씨가 지호를 밀치면 넘어지고 아프잖아. 모르는 사람 허벅지를 함부로 만지는 건 해서는 안 되는 행동이야."

"엄마가 뽀로로 안 보여줘요."

"지호야! 뽀로로를 보고 싶으면 엄마께 '엄마, 뽀로로 보고 싶어요'라고 말해. 절대 모르는 사람의 몸을 만져선 안 돼."

"네!" 아이는 생각보다 잘 받아들였다.

"어머니, 아이에게 해도 될 행동과 하면 안 되는 행동을 구분시켜 주시면 어머니가 덜 힘드실 것 같아요."

"애가 알아듣나요?"

"그럼요, 다 알아듣고 어머니가 알려주는 대로 행동할 거예요."

"고맙습니다. 제가 엄마 역할을 배워야겠네요."

"네. 아이에게 해선 안 될 행동만 알려주시면 좋을 것 같아요."

아이가 잘못된 행동으로 자기 뜻을 이룰 수 있게 하는 건 프랑스에서는 상상도 못 할 일이다. 프랑스 엄마들은 아이들이 잘못된 행동을 하면, 보통 "멈춰!(Arrête!)"라고 단호하게 말하고, 아이가 멈출 때까지 10초든, 10분이든, 기다린다. 떼를 쓰든, 울든, 멈출 때까지. 진이 빠진 아이가 기 싸움을 포기할 때까지 부모는 참고 기다린다. 소리 지르거나 화내지도 않는다. 멈추라고 명령하고선 멈출 때까지 기다리기만 한다.

1년 후 7살이 된 지호가 아지트에 나오기 시작했다.
"지호! 요즘도 모르는 사람들 허벅지 만져?"
"아뇨! 요즘은 제 맘대로 동영상 봐요."
"동영상은 하루에 몇 시간이나 봐?"
"유치원 다녀오면 계속 봐요."
"엄마가 못 보게 안 하셔?"
"엄마는 동생 때문에 바빠요."

나는 앞으로 지호가 배워야 할 점을 어떻게 알려줘야 할지 고민했다.
지호가 그림을 그리고 있는데 같은 반 지아가 궁금해서 지호 그림을 넘겨다보자, 지호가 지아 얼굴을 때렸다. 다행히 세게 맞지는 않았다. 나는 지호 손목을 꽉 잡았다.

"방금 네 행동, 해도 되는 거야? 안 되는 거야?"
"지아가 제 그림 보려고 했단 말이에요."
"지아가 네 그림을 보는 게 싫으면 '보지 말라!'고 말로 해야 하는 거야. 때리면 돼? 안 돼?"

"저를 기분 나쁘게 했어요." 아이 입에서 답이 나오길 기다렸으나 아이는 자기주장을 하며 버텼다.

"네가 나를 기분 나쁘게 하면 내가 너를 때려도 돼? 안 돼?" 타인을 때리는 것이 안 된다는 것을 부정하면 자기 신체에 직접 연결된 질문을 할 수밖에 없었다.

"안 돼요." 지아는 그제야 꼬리를 내린다.

"그래…… 때리는 건 폭력이야. 그래서 하면 안 되는 행동이야. 절대!" 나는 단호하게 말했다.

"네!" 지호는 풀죽은 목소리로 대답했다.

나는 지호에게 때려서 미안하다고 지아에게 사과하라고 했다. 지아에게는 친구 그림을 보고 싶을 때는 "봐도 되냐?"라고 먼저 물어보라고 말했다.

아이를 훈육하기 전에는 먼저 아이가 왜 그런 행동을 했는지 대화를 나누어 봐야 한다. 지호도 동생이 생겨 엄마가 놀아주지 못하는 게 불만이었다. 지호는 엄마의 관심을 끌려고 문제행동을 했다. 나는 지호와 이야기를 나누며 먼저 공감해주었다. 엄마가 바빠 보일 때는 어떤 놀이를 하며 기다릴 수 있는지 함께 찾아보았다. 지호는 종이접기, 만들기, 그림 그리기, 블록 놀이 등을 하며 기다리겠다고 말했다.

그리고 지호와 늘 책을 함께 읽었다. 다양한 동화책을 읽으며 사람이 느낄 수 있는 감정을 배우고, 감정을 표현하는 법을 익혔다. 독서 후에는 이야기를 나누며 그림을 그렸다. 역할극을 하며 상대의 감정도 배워보았다.

그 무엇보다도 지호의 기분을 같이 이야기하는 걸 가장 중시했다. 아이의 기분은 무시한 채, 어른만 이해하라고 강요해서는 안 된다. 아이에게는 쉬운 일이 아니다. 아이가 기분이 나쁘든 말든 오자마자 공부만 하라고 윽박지르면 아이는 더욱 폭력적으로 변할 수 있다.

아이는 먼저 이해받아야 하고 그다음 타인을 이해해야 하며, 자신과 타인 사이에 해선 안 되는 행동을 구분하고 자기 조절을 할 수 있게 해야 한다. 이해받지 못하는 아이는 타인을 이해하지 못한다.

독서를 통해 생각 주머니가 커지면서 지호는 동영상을 보는 시간을 스스로 줄여 나갔다. 책은 아이와 소통하는 수단이다. 책을 가운데 두고 생각을 나누다 보면 서로를 이해하게 된다. 아이에게 책은 세상과 타인을 이해하는 통로다. 아이들이 책 내용을 이해했는지 확인할 필요는 없다. 책 속의 주인공과 자기를 연결해 상상의 세계를 확장하면서 이야기를 나누는 것이 훨씬 머리와 가슴을 충만하게 한다. 아이들은 이야기를 나누며 성장하고, 이성과 감성을 키운다.

6장

정서적 안정감을 주는 소통

tolérance
lecture
débat

01
아이의 대학은
엄마의 액세서리가 아니다

　교육 전문가들은 21세기 대한민국이 추구해야 할 교육과정의 목표는 '진로와 독서'라고 말한다. 아이들의 적성을 찾아주고 벼락치기 공부를 막으려는 뜻이 담겼다. 중1 때 선택교과로 '진로와 직업'을 넣어 오전수업만 하고 오후에는 진로를 탐색하는 체험 활동을 하거나, 진로와 관련한 심리 검사 등을 하고 있다.

　아지트에 오는 중학생들에게 진로 적성 검사 결과가 어떻게 나왔냐고 물었더니, 아무도 대답하지 않았다.

"아니, 진로 적성 검사했다더니 자기 적성이 뭐가 나왔는지도 몰라?

왜 몰라? 어떻게 모를 수가 있어?"

나는 자기 진로와 관련된 일인데 아이들이 무관심한 게 어이가 없었다.

"⋯⋯" 나의 닦달에도, 승우는 말이 없었다.

"적성에 관심이 없는 거야?"

"그냥 형식적인 거니까⋯⋯ 적성 검사한 후에 결과가 뭔지는 봤는데 잊어버렸어요." 승혜가 답했다.

"저는 컴퓨터를 전공하고 싶은데 적성은 자꾸 농부가 나와요." 희재는 황당해했다.

"적성대로 대학에 갈 수 있는 건 아니잖아요." 승우는 여전히 시큰둥했다.

적성 검사를 한 후에 아이들과 허심탄회하게 토론했으면 좋았을 텐데⋯⋯ 아이들이 스스로 적성에 관심을 가지고 현재 상황을 어떻게 보완하고 개선 발전시켜 갈 수 있을까, 생각해보는 시간을 가졌으면 좋지 않았을까. 국가에서, 학교에서 아이들의 적성을 찾아주려고 시스템을 갖추었지만, 이벤트에 그치는 게 아닌지 걱정스러웠다. 원래 취지를 제대로 살리려면 학교와 아이들 모두 적성과 적성 검사를 더 적극적으로 받아들여야 할 듯하다.

대부분 중학교 1학년은 적성과 관련된 활동을 하기보다는 교과 학원에 간다. 집에 있으면 게임만 해서 학원에 보낸다는 부모도 있다. 적성에 맞는 체험 활동을 어떻게 하게 해야 할지 알지 못해 고민하는 부모도 많다. 부모들이 적성과 진로 탐색을 제대로 해본 경험이 없어서 아이들의 진로 찾기를 어떻게 도와야 할지 알지 못한다.

 승연이가 요리에 관심을 보이자 엄마가 요리학원을 등록해 주고, 요리잡지도 구독해 주었다. 승연이는 학교에 다녀오면, 앞치마를 두르고 유튜브를 보며 이런저런 요리를 해보다 한식 조리사 자격증까지 땄다. 자신이 요리하는 모습을 동영상으로 찍어 SNS에 공유하기도 했다.
 학원은 국어만 다니고 영어, 수학은 집에서 스스로 할 수 있는 만큼만 공부했다. 내신은 4등급 정도였지만, 엄마는 승연이가 요리를 하게 해주었다. 승연이는 아무런 고민하지 않고 요리 관련 대학교로 진학했다. 성적으로는 좀 더 낮다는 대학을 갈 수도 있었다. 승연이 엄마에게 아쉽지 않은지 물어봤다.
 "아이의 대학이 엄마의 액세서리가 되어서는 안 된다고 생각했어요. 우리 아이가 좋은 대학에 들어가면 내 자랑거리는 되겠죠. 그런데 그게 그 애 인생에 무슨 도움이 되겠어요. 아이가 좋아하는 일을 하도록 돕는 게 부모 도리 아닐까요?"
 "원칙적으로 말한다면 그렇지만 쉽지 않잖아요."
 "저는 내 아이 행복이 1순위이에요. 남의 시선은 상관없어요. 내가 내 아이 편이 안 되어 주면 누가 내 아이 편이 되겠어요."

　승연이 엄마처럼 생각하는 학부모는 드물다. 대부분은 '자식이 잘되길 바라는 마음'이라는 핑계를 대며 거칠 게 훈계하거나, 부모의 욕심을 아이에게 투영하곤 한다.
　중학생들은 부모들이 자신들의 적성에 관심이 없다고 생각한다. 누군가의 적성을 알면 그를 좀 더 잘 이해할 수 있다. 아이는 부모가 적성에 관심이 없으니, 부모가 자기를 알지 못한다고 생각한다.
　부모와 이야기해보면, 아이의 진면목을 알고는 있지만, 그걸 인정하지 않는다. 참 신기하다. 세상에 없을 법한 완벽한 아이를 머릿속으로 그린다. 부모의 그릇된 기대에 어긋나면 나무란다. 못나면 못난 대로, 잘나면 잘난 대로, 있는 그대로 사랑하려 하지 않는다.
　아기 때는 걷기만 해도 예쁘다고 손뼉 치지 않았는가. 그랬던 부모가 어느 날 공부를 못 한다는 이유로 아이와 따뜻한 말조차 나누지 않는다. 아이의 얼굴을 점수로 바라본다. 아이가 그 시선을 못 느낄 리 만무하다. 아이는 고독감과 외로움을 느끼고, 부모에게 무관심해진다.
　중고등학교 공부는 누구에게나 재미없고 힘들다. 아이들은 그 힘든 과정을 제각기 지닌 역량만큼 이겨낸다. 부모의 믿음과 사랑이 뒷받침된다면 좀 더 쉽게 견뎌낼 수 있다.

언젠가 상담하러 온 엄마는 눈물을 뿌리며 말했다.

"제가 나쁜 엄마예요. 욕심을 멈추지 못하고 아이를 닦달해요."

나는 묵묵히 들었다.

"사이가 너무 틀어져 버려서 왜 사나 싶어요. 무엇 때문에 이렇게까지 아이와 매일 전쟁을 치르는지 모르겠어요."

"왜 아이와 타협하지 않으셨어요?"

"제 성에 안 차니까요. 아이가 할 수 있는 수준과 제가 원하는 수준이 차이가 있으니까 타협을 못 한 거죠. 그래도 중간은 했던 아이인데, 지금은 아예 공부는 손을 놓아 버렸어요. 저에 대한 반감 때문에……"

"아이와 관계를 회복하시려면 어머님이 먼저 마음을 바꾸시는 게 좋겠어요."

"어떻게 바꾸라는 말씀이신지……?"

"마음을 아이가 아니라 어머님에게로 옮겨 보세요. 무엇을 할 때 어머님 인생이 의미가 있는지, 자녀가 아닌 어머님 자신이요."

한국에 사는 프랑스인 엄마 쥴리(Julie)의 생각이 궁금했다. 그녀는 한국과 프랑스 양국의 차이를 잘 아니까 다른 시각에서 바라본 생각을 말해줄 수 있으리라 기대했다.

"쥴리, 너는 아이가 공부를 못하면 어때?"

"진시, 너는 아이가 다리 근육이 덜 발달해서 축구를 못하면 어때?"

"축구는 적성이 아닌가 보다 하지."

"마찬가지야. 공부는 지능과 신체, 적성과 환경이 복합적으로 뒷받침되어야 하잖아. 아이가 올바르지 않은 행동을 하거나, 갑자기 성적이 크게 떨어지면 환경을 검토해 보지만 아이부터 나무라지는 않아."

"환경을 검토한다는 건 어떤 뜻이야?"

"아이가 노력하는데 공부를 못하는지, 내가 방치해서 컴퓨터 등에 중독됐는지, 몸이 불편한지, 공부하려고 하는데 배경지식이 부족한지 등등 여러 가지 이유를 살펴보지. 학교생활을 즐겁게 하고 있다면, 성적 때문에 고민하지는 않아."

"한국은 대학이 서열화되어 있잖아. 쥴리는 아이가 좋은 대학에 진학하기를 바라지 않아?"

"그런 생각은 아이에게 도움이 되지 않아. 아이에게 도움이 안 되는 생각을 뭐 하려고 해? 아이가 적성에 맞는 공부를 하도록 격려는 해주지만, 어느 대학을 가야 한다는 식으로 생각해 본 적은 없어. 한국 엄마들이 절이나 교회에 가서 기도하는 거 많이 봤는데, 그건 자식을 위한 게 아니야. 자기 마음을 다스리려고 가는 거지. 자기가 위안받으려고……"

"우리는 부모가 좀 밀어붙이면 성적이 올라간다고 생각하거든."

"올라라!(Oh! là là!)…… 진시, 너도 알다시피 우리는 여행이나 독서를 더 중요하게 여겨. 아이가 좋은 대학에 가려고 스스로 열심히 공부할 수는 있어. 공부 이외에, 좋은 대학 이외에도 인생길은 참으로 다양해. 다른 길을 가도 행복할 수 있어. 누구나 자기 적성에 맞는 일을 찾아 행복하게 살아갈 수 있어."

줄리는 '행복의 길'은 다양하다고 말하고 있었다. 누구나 알고 있는 평범한 이야기다. 남들과 다른 선택이 사회적으로 자연스럽게 받아들여지지 않는 게 문제다. 남들이 공부 잘해서 소위 좋은 대학을 갈 때, 다른 길을 걸어갈 수도 있지 않은가. 그걸 응원하는 부모가 되어야 하지 않을까. 다른 선택은 적성이 바탕이 되어야 한다. 자기가 좋아하고 잘하는 일을 해야 삶의 만족도가 높다. 그런 사람들이 더 행복한 삶을 산다. 우리 아이들이 행복한 삶을 살기를 원한다면, '간판'과 '체면'을 버리고 적성을 택할 수 있게 도와주어야 한다.

02
아이의 정서적 안정이 먼저다

'잔소리'는 아이가 생각하는 엄마의 언어다. '말대꾸'는 엄마가 생각하는 아이의 언어다. 말대꾸는 윗사람이 아랫사람의 의견을 무시할 때 쓰는 말이다. 어른들은 아이가 버릇없이 말대답하면 "말대꾸한다"라며 윽박지른다.

나는 아이들에게 말대꾸를 많이 하라고 권한다. 대신 '예쁘게' 하라고 당부한다. 그런 말대꾸는 의견으로 받아들여진다. 선생님이 하는 설명 중 모르는 말이 나오면 "몰라요~~"라고 말하지 말고 "그 단어는 무슨 뜻인가요?"라고 물어보라고 가르친다.

엄마가 "밥 먹어!"라고 말하면 "싫어~"라고 말하지 말고, "하던 것

끝내고 곧 갈게요" 또는 "지금 배가 안 고픈데 좀 이따가 먹으면 안 될까요?"라고 대답하라고 이른다.

부모와 자녀는 동등한 관계가 아니다. 부모는 이성적으로 아이를 이끌어야 한다. 아이는 절대 부모가 마음대로 감정을 쏟아내도 괜찮은 대상이 아니다. 부모도 아이에게 말조심해야 한다. 독립된 인격체로서 대우해야 한다.

한국에서 유난히 아이 키우기가 어렵다고 아우성치는 까닭은 부모를 위한 교육이 미흡해서다. 아빠, 엄마로서 역할을 제대로 배운 적이 없지 않은가. 배우고 싶어도 마땅한 곳을 찾기 힘들지 않은가. 전문가에게 제대로 도움을 받은 적도 없지 않은가.

프랑스 남부 아쟁(Agen)에 프륀(Prune 자두) 축제가 있어 구경을 갔다가 마침 아쟁에 사는 친구의 외삼촌 집에 놀러 가게 되었다. 외삼촌 요세프(Youssef)는 끝도 없이 펼쳐진 해바라기밭 옆에 살고 있었다. 그의 직업은 '가정 방문 상담사'. 나는 그 직업이 무척이나 낯설었다. 하는 일이 무엇이냐고 물으니 가정을 돌아다니며 부모의 고충을 들어주고 상담해 주는 일을 한다고 했다.

우리는 아이를 키우다 문제가 생기면 이웃이나 부모님, 친구들에게 의견을 구한다. 다들 전문가가 아니다 보니 조언을 해주어도 듣고 싶은 대답만 듣고 자기 생각과 다르면 받아들이지 않는다.

프랑스는 아이 교육에 가장 중요한 요소로 정서를 꼽는다. 올바른 정서를 지녀야 제대로 성장할 수 있다고 여긴다. 아이의 정서에 가장 큰 영향을 미치는 사람은 부모다. 부모의 한마디는 아이 정서에 결정적 영향을 준다. 학교에서 가치관 등을 아무리 잘 가르쳐도 정서적으로 안정적이지 않은 아이는 바르게 자라기 힘들다. 프랑스가 부모 교육과 상담에 정성을 들이는 까닭이다. 부모가 정서적으로 건강하면, 아이들은 곧게 커가기 마련이라는 논리다.

요세프가 중학생 아담(Adam)의 집을 방문한 경험을 정리했다.
"안녕하세요. 마담(Madame)!"
"안녕하세요. 무슈(Monsieur)!" 인사가 끝나자 아담 엄마가 자신을 소개했다.
"저는 아담 아빠와 이혼 소송 중이고 남자친구 필립(Philipe)과 살고 있어요. 아담이 버릇없이 군다며 남자친구가 언성을 높여서 사이가 안 좋아요. 아담이 점점 말을 안 들어서 속상해요."
요세프와 아담 엄마는 커피와 쿠키 몇 개를 앞에 두고 친구처럼 이야기를 나누었다.
"필립 씨는 아담의 아버지가 아니니 훈육권이 없어요. 훈육권은 엄마에게 있어요. 아담이 엄마를 신뢰하고, 엄마의 사랑을 확신하기 전에는 야단치면 안 돼요. 필립 씨에게 제가 이야기할게요. 그리고 아담과 다정한 시간을 보내며 엄마의 마음이 변하지 않았다는 것을 느끼게 해주셔야 해요. 아담에게는 '어른들의 관계가 변할 수 있지만, 아들에 대한 사랑은 변하지 않았다'라고 설명할게요."

"제가 지금 어려운 시기를 겪다 보니 아이에게 소홀했던 것 같군요."

"요즘 엄마가 힘들다고 아이에게 이야기하세요. 이해해 줄 겁니다."

"어리다고 여겨서 제대로 설명을 안 했어요."

"아담은 어리지만, 엄마가 처한 상황을 이야기해주면 이해하려고 애쓸 겁니다. 그 과정에서 배우는 게 있을 거예요. 한 번에 다 이해하지 못할 수도 있지만……"

"아담에게 미안하네요."

"자식에게 미안하다고 해서 부모가 해야 할 이혼을 안 할 수는 없어요. 아이가 살아가면서 겪을 위기를 부모가 대신 겪어줄 수는 없잖아요. 부모와 아이 간에 사랑이 변치 않는다면 어떤 상황도 극복할 수 있어요. 누구나 그렇게 어른이 되는 것 아니겠어요."

"감사합니다. 요세프 씨."

민호 부모는 이혼했다. 민호는 할머니가 키운다. 할머니는 민호가 잘못할 때마다 떠나간 며느리가 떠올라 부아가 치밀었다. 혼자 된 아들이 술이라도 마시고 오는 날에는 할머니의 하소연이 더 길어졌다. 육아에, 살림에, 노인성 우울증까지 겹쳐 민호 할머니는 자신을 추스르기도 힘들었다. 그러나 민호 할머니를 도와줄 사람은 아무도 없었다.

민호 할머니는 학교 일에도 참여할 수 없었다. 가정통신문은 스마트폰으로 오고 젊은 엄마들 틈에 끼어봤자 말도 안 통하고 몸도 피곤했다. 선착순으로 이루어지는 방과 후 활동은 젊은 엄마들이 얼마나 빠르게 신청하는지 민호 할머니는 당첨이 된 적이 없었다. 녹색교통 봉사활동도 빠지지 않고 돌아오는데 하루는 너무 힘이 들어 잊어버린 척 슬그머니 빠졌다. 학급에서 회장 선거가 있던 날, 민호한테 아예 나가지 말라고 당부했다. 당선돼도 뒷바라지해줄 엄마가 없으니……

이웃 노인들과의 점심 모임도 방학 때면 민호 점심을 차려주어야 해서 나갈 수 없었다. 민호 아빠는 한 끼 정도 배달시켜 먹게 하라고 권했지만, 그렇게 하지 않았다. 할머니는 민호에게 배달 음식을 먹이고 친구 만나러 나간다는 게 마음에 걸렸다.

민호 아빠는 바쁘다며 늘 늦게 귀가했고, 민호는 집에 들어가기가 싫어 학원이 끝나도 늦게까지 밖으로 돌았다. 할머니는 민호가 집에 오면 휴대폰을 '압수'했다. 민호가 휴대폰으로 늘 게임만 해서…… 그 때문에 민호는 엄마와 통화할 수 없었다. 그러다 엄마 생각에 눈물을 짓다가 잠이 들었다. 그런 밤이면 어김없이 이불에 '실수'했다. 11살인데도……

담임 교사는 민호를 좀 더 세심히 돕고 싶어서 양육자인 할머니에게 연락했다.

"할머님, 민호한테 상담을 좀 받아보게 하는 건 어떨까요?" 담임 교사가 조심스럽게 상담 이야기를 꺼냈다.

"애가 실수로 오줌 좀 쌀 수도 있지⋯⋯ 상담인지 뭔지 그런데다 돈 갖다주면 우리나라 애들 모두 다 상담받아야 해요." 민호 할머니는 단호히 거절했다.

나름대로 열심히 키우는데, 주변에서 그런 소리를 하면 모두 자기 탓인 것 같아 서러웠다. 민호 할머니는 영어 숙제도 봐줄 수가 없었다. 솔직히 밥해 먹이기도 벅찼다. 민호는 소시지나 치킨을 찾았고, 할머니는 시래기나 된장이 좋았다.

민호 할머니네 같은 많은 조손가정에 도움을 주는 사회 프로그램이 활발히 운영되면 얼마나 좋을까. 할머니 마음도 다독여 주고, 민호와 할머니가 어떻게 하면 잘 지낼 수 있는지 알려주는 전문가가 있으면 얼마나 좋을까.

1970년대 미국에서는 산모 가정 방문 프로그램이 운영됐다. 한국에서는 2015년 시작됐다. 간호사가 약 2년간 산모와 상담하며 육아에 도움을 주는 제도다. 연구에 따르면, 양육자 이야기를 누군가 찾아와서 들어주기만 해도 아이의 삶에 긍정적 효과가 나타난다고 한다. 양육자의 정서가 안정되면 아이의 삶에 좋은 영향을 미친다는 이야기다. 출생 후 2년간만 지원되는 게 좀 아쉽기는 하다.

아이가 학령기가 되면 부모는 '학습'이라는 새로운 국면을 맞는다. 공부 역시 아이와 양육자의 정서가 안정적이어야 기대한 만큼 효율을 올릴 수 있다. 성적과 과잉 기대로 인해 정서적 안정이 깨지면, 정서가 불안정해지면 스트레스를 표출하게 된다.

'잔소리'하고 '말대꾸'하다가 '폭발'에 이르기도 한다. '이성적 토론'이 예방책이 될 수 있다. 아이에게 잔소리하는 대신 토론해 보자고 한 적은 있는가. 토론은 대등한 관계를 전제로 하는 거다.

토론하라. 안정적 정서를 확보하기 위해서. 행복한 삶을 목표 삼아서. 아이와 부모 모두의 행복을 위해서……

03

소통이
아이를 행복하게 한다

보르도(Bordeaux) 시내의 한 하숙집에 김치 파티가 열렸다. 김치를 함께 만들어 나눠 먹는 파티다. 김치 파티를 할 때 '주최 측'이 모든 것을 준비하지 않는다. 참가자들이 적어도 한 가지씩은 맡아서 일한다. 마늘을 까거나, 파를 씻거나……

그날 김치 파티를 진두지휘한 분은 그곳에 정착한 한국 아주머니였다. 손님들은 김치를 만드는 전 과정을 함께 했다. 김치의 속에 넣을 무를 구하기 어려워 당근으로 대신한 게 좀 아쉬웠다. 그래도 이국에서 향수를 달래기에는 충분했다.

김치를 만들면 한쪽에서는 고기를 굽고, 한쪽에서는 상을 차렸다. 와인이나 디저트를 가져온 사람도 있었다. 테이블 위에 펼쳐놓고 함께 나눠 먹고 마셨다. 자연스럽게 장기 자랑이 펼쳐졌다. 조엘(Joël)은 마술을 선보였고, 끌레흐(Claire)는 피아노를 쳤다. 춤추는 사람, 그림 그리는 사람, 노래 부르는 사람, 기타 치는 사람…… 프랑스에서 모임을 하면 풍요롭고 볼거리가 많다.

프랑스 중산층은 외국어를 구사할 줄 알고, 운동에 능숙하고, 악기를 다룰 줄 알아야 한다. 그게 중상층을 상징한다. 이 세 가지는 모두 다 꽤 긴 시간 연습, 숙달해야 일정 수준에 다다를 수 있다는 공통점이 있다. 그걸 어느 정도 할 줄 아는지를 보면 한 개인의 역사를 알 수 있다고도 한다. 특정 개인을 평가하는 기준이 되기도 한다.

상류층으로 갈수록 그 집에 골동품이 있는가, 미술품이 있는가, 좋은 악기가 있는가, 이런 것들을 중요하게 여긴다. 돈이 아니라 안목이 있어야 선택할 수 있는 물건들이다. 프랑스에서는 누구나 살 수 있는 비싼 물건들은 존중받지 못한다. 비싸기보다는 특별한 이야기가 담긴 물건들을 좋아한다.

프랑스인들이 김밥 파티를 좋아하는 까닭도 이야기가 있기 때문이다. 파티 참가자들은 김밥 마는 법을 하나하나 배워가며 만들고, 왜 건강식인지, 김밥이 간편식으로서 어떤 가치를 지니는지 토론한다. 그들은 그 과정을 즐긴다.

프랑스에서는 한국 음식을 할 줄 알면 교류의 폭이 넓어진다. 나는 여러 파티에 초대받을 때마다 부침개를 해갔는데 인기를 끌었다. 어학연수 학교 다닐 때 학생들이 제 나라 음식을 한 가지씩 가지고 와서 나눠 먹곤 했다. 덕분에 전 세계 요리를 맛보는 행운을 누렸다. 각국 음식을 얻어먹으면 인사치레라도 맛있었다고 해야 하지 않는가. 어설픈, 초보 프랑스어로 더듬더듬 설명하다 보니 나도 모르는 새에 프랑스어 실력이 늘었다.

프랑스 최고 명절인 노엘(Noël 성탄절)에는 멀리 떨어져 살던 가족들이 한자리에 모여 함께 저녁을 먹는다. 그날은 저녁 먹는 데만 거의 4시간 정도 걸린다. 설거지는 주로 남자들 몫이다. 여자들이 부엌에서 요리하는 동안 남자들은 옆에서 조수 역할을 하며 함께 즐겁게 수다를 떤다. 누구도 음식 준비 때문에 스트레스를 받지 않는다. 결혼했다고 해서, 남자 쪽 부모 집으로 무조건 가지 않는다. 남자 쪽 부모 집으로 갈지, 여자 쪽 부모 집으로 갈지, 미리 의논한다. 사람들이 한쪽으로 쏠리지 않게 적절히 나눈다. 프랑스인은 의논하지 않고, 소통하지 않고, 일방적으로 결정하는 걸 질색한다.

불통은 인간을 고통스럽게 한다. 반면 건강하게 소통하는 사람들은 행복하다. 건강한 소통은 상대를 배려하며, 내 생각을 상대방에게 표현하고, 상대방의 의견에 적절히 반응하는 걸 말한다.

소통의 기술은 모국어처럼 경험으로 습득한다. 외국어와 운동, 음악은 소통의 수단이다. 우리는 올림픽이나 월드컵에서 운동으로 전 세계가 소통하며, 음악으로 전 세계가 하나 되는 경험을 해왔다.

아이들도 외국어를 활용하는 경험을 하면 배움의 동기, 학습 동기가 더 커진다. 운동으로 협동하는 경험, 음악으로 감정을 공유하는 경험을 해도 마찬가지다.

마가렛(Margaret) 할머니는 미국에서 남편을 따라 한국에 와서 살고 있다. 홀몸이 됐지만, 미국으로 돌아가지 않았다. 장성한 자녀들은 미국에 정착했지만, 마가렛 할머니는 한국에 남아 '동네 영어 선생님'이 됐다. 이웃들에게 무료로 영어를 가르치고 있다. 지금은 인기 강좌가 됐다. 이웃 주민들은 실생활에 꼭 필요한, 써먹을 수 있는 회화를 가르쳐 준다며 반긴다.

영어는 배우고 싶지만, 학원에서 젊은이들 사이에 끼어 배우기가 부담스러웠던 중년 여성들이 할머니 곁으로 모였다. 경숙 씨는 올 때마다 빵이나 음료를 가져와 감사의 표시를 했다. 재경 씨도 집에서 만든 만두 등을 들고 왔다.

마가렛 할머니는 영어 가르치는 데 큰 보람을 느끼며 즐거워한다. 노년에 봉사활동을 할 수 있어 보람찰 뿐 아니라 이웃과 소통하는 게 무엇보다 즐겁다. 노년에 보람과 즐거움을 느끼려면 젊을 때부터 무언가 준비해야 하지 않을까.

프랑스는 양로원과 유치원을 나란히 짓곤 한다. 햇살이 좋은 날 할머니, 할아버지들은 정원에 앉아 아이들이 뛰어노는 모습을 지켜본다. 그 결과 어르신들의 건강이 더욱 좋아졌고, 아이들 안전사고는 일어나지 않았다. 세대가 다르다고 분리할 필요는 없다.

어느 날, 1935년생 이모의 일기장을 넘겨본 적이 있다. 6.25 전쟁 때 피난 간 이야기, 사라호 태풍이 한반도를 강타했을 때 물난리가 난 모습이며, 이승만 대통령이 선거운동을 하며 집집이 검정 고무신을 나누어 주었던 일들이 적혀 있었다. 그야말로 생생한 근현대사였다. 역사는 역사가들에 의해서만 써지는 게 아니다. 그 시대를 살았던 사람들이 남긴 모든 글이 역사적 기록물이다.

엄마는 내 아들에게 물난리가 났을 때 이야기를 자주 들려주었다. 온 마을이 물에 잠기자, 닭이 둥둥 떠내려가고, 돼지가 꿀꿀거리고, 소가 언덕으로 올라간 이야기를 의성어를 섞어 이야기해주면 어린 아들은 귀 기울여 들었다.

윗세대가 하는 이야기는 모두 역사다. 나 어릴 때는 우리 집에 식모라고 불리는 언니가 있었다. 아지트 아이들에게 1980년대 사건들은 신기한 역사 이야기다. 직업이 다른 사람끼리, 국적이 다른 사람끼리, 성별이 다른 사람끼리, 나이가 다른 사람끼리 즐겁게 하는 소통은 살아있는 공부다.

한국의 소통문화가 조금 더 다양하고 즐거우면 얼마나 좋을까. 그래서 지역 무료강연 모임을 만들었다. 한 달에 한 번 각 분야 종사자들이 자신들이 하는 일과 관련된 흥미로운 이야기를 들려주고, 참가자들이 궁금증을 묻는 모임이었다. 그동안 주제는 '역사와 철학', '데이터 구축', '독일 건강빵 만들기', '인도 이야기', '수학 잘하는 아이', '메타버스란?', '종합소득세', '와인파티', '좌충우돌 불어인생' 등이었다.

처음에는 강연자 구할 일이 걱정이었다. 그런데 강의해주시겠다는 지역 주민들이 생각보다 꽤 많았다. 나는 누구에게나 '당신만 간직하고 있는 이야기'를 들려 달라고 부탁한다. 미대 출신 엄마가 와서 아이들을 대상으로 특강을 해주었고, 장애아를 키운 경험담을 책으로 낸 엄마 작가는 와서 진솔한 이야기를 들려주었다. 동화구연을 잘하는 엄마는 실감 나게 책을 읽어주었다.

부모들도 누구나 꿈이 있었을 터. 꿈을 이룬 사람도 있고, 아직 가슴에 품고만 있는 사람도 있을 것이다. 누구나 남보다 약간 더 잘하는 무엇인가를 지니고 있다.

관심 분야에 관한 지식과 정보를 나누는 소통은 아이들에게도 최고의 공부 동기를 부여한다. 그런 소통은 어른과 어른, 어른과 아이, 아이와 아이가 서로 협력적, 능동적으로 공부할 수 있게 해준다.

아지트 공간은 비좁고 초라하지만, 스트레스 쌓인 엄마들의 놀이 공간으로도 기꺼이 내어주고 있다. 그곳에서 서로 도시락을 섞어 비빔밥을 해 먹었던 고등학교 시절을 떠올리며 비빔밥 파티도 하고, 엄마들의 소박한 생일 파티를 하기도 한다. 아이들을 위해서 빼빼로 파티와 핼러윈 파티도 했다. 독서 모임을 하고 싶은 사람, 조찬모임을 하는 사람들에게도 개방했다. 아지트는 내가 아니라 이용하고 싶은 사람 누구나 주인이다. 소통의 장소로 건전하게 이용하고 싶어 하면 누구에게나 무료로 내주고 있다. 그러다가 아예 '어린이 독서 동아리'를 창단해버렸다.

'소통문화'가 자리 잡으면 아이들은 자연스럽게, 상대가 누구든 토론할 수 있다. 자기 생각을 표현할 수 있게 된다. 교실 토론에서는 절대 배울 수 없는, 세상사를 제대로 공부를 할 수 있다. 수업만으로 배울 수 없는 삶에 뿌리박힌 지혜를 배울 수 있다.

04
부모가 신뢰하면 아이는 큰 힘을 발휘한다

아지트 아이들과 한국사 시험 준비를 했다. 역사 시험을 보면 아이들 점수가 갈렸다. 어떤 아이들은 암기를 잘했고, 문제를 매우 빨리 풀었다. 학교 시험에서 좋은 점수를 받을 듯이 보였다. 역사 시험 문제를 전혀 못 푸는 아이도 있었다. 그 아이는 대신 과학 실험에서 두각을 나타냈다. 토론수업에서는 또 다른 아이가 두드러졌다.

과목마다 다른 아이들이 재능을 뽐내는 게 재미있고 신기해서, 같이 노는 척, 공부하는 척하며 다양한 방법으로 몇 년 동안 관찰해봤다. 아이들은 특정 영역만 보고 전체적 우열을 판별할 수 없었다. 한 분야에서 뒤처져도 다른 영역에서 뛰어난 역량을 보이기도 했다. 서로 뛰어난 영역이 다를 뿐이었다.

자녀가 2~3명인 사람은 느낀다. 어떤 아이는 운동을, 어떤 아이는 글쓰기를, 어떤 아이는 말을 잘한다. 말도 가만히 들어보면 어떤 아이는 내용에 깊이가 있고, 어떤 아이는 지식은 얕은데 유창하다. 빠른 아이가 있고, 느린 아이가 있다.

나는 수많은 아이와 내 아이를 함께 돌보며, 내 아이의 장, 단점이 특징이라고 확신하게 됐다. 아이의 모습을 있는 그대로 받아들이고 사랑하니, 싸울 일도 불편한 일도 없어졌다. 아이들의 저마다 다른 모습이 다양한 색깔의 모자이크처럼 보였고, 작은 사회로 보였다. 우리 사회에는 의사도, 건축가도, 요리사도 필요하다. 쓸모없는 직업은 하나도 없다. 내 아이가 어떤 직업을 갖든 행복하기만 하면 된다.

아이들은 제각기 '다르다'라는 관점에서 바라보면 문제아는 하나도 없다. 아지트에 오는 아이들에게 잘하는 점은 칭찬해주고, 부족한 부분은 소화할 수 있는 만큼만 배우면 된다고 하니 모두 편안하게 공부하고 갔다.

오히려 부모들이 문제다. 다들 내 아이가 '공부'를 잘한다고 여기거나 잘해야 한다고 생각한다. 아이가 공부를 못하면 부모는 자신감을 잃고, 심지어 아이가 실패했다고 여기기도 한다. 도대체 어떤 공부를 보고 그런 섣부른 평가를 하는지 모르겠다. 모든 아이는 적성에 맞는 분야에서는 뛰어나다.

나는 공부하는 아이들 '표정'을 눈여겨본다. 엄마가 화를 내면 아이도 화난 표정으로 책상 앞에 앉는다. 책은 읽지만, 머릿속에 남는 것은 '화'밖에 없다. 일단 표정이 어두우면 아이들이 제대로 공부를 안 한다. 표정은 또 다른 언어이다. 교실 문을 나가는 순간 머리를 비워버린다. 호기심이 발동해 스스로 읽은 책은 머릿속에, 가슴에 각인된다. 억지로 하는 공부는 어디에도 남지 않는다.

그래서 무엇을 어떻게 공부할 생각인지 아이의 의견을 듣는다. 매시간 아이들에게 '낙(樂)'이 무엇이냐고 묻는다. 낙이 있으면 조금 하기 싫은 공부도 참을 힘이 생긴다. 아이들이 저마다 "노는 거요", "게임이요", "젤리 먹는 거요", "축구요"라고 소리 질렀다. 평소 뭐든 척척 말을 잘하는 윤수가 시무룩한 표정으로 대답하지 않았다.

"윤수는 낙이 없어?"

"생각 못 해 봤어요."

"평소에 무엇을 할 때 즐거워?"

"즐거운 일이 없어요."

고작 11살인데 즐거운 일이 없다니…… 나는 안타까웠다.

"윤수야! 윤수도 자신만의 즐거움을 만들어봐! 즐거움 없이 살기엔 어린 시절이 너무 아깝다. 그치?"

"생각해볼게요."

대한민국은 어린이들에게 '공부'를 세뇌한다. 아직 물정 모르는 아이들이 공부를 잘해야 한다는 생각에 열심히 안 하면 죄책감을 느낀다. 학교에서 가르치는 내용을 다 이해하지 못해도 괜찮다. 포기하지 않고 자신에게 맞는 공부 방법을 찾아 나가는 것이 더 중요하다. 사회의 변화가 심하고 속도가 빨라 평생 공부하지 않고서는 어떤 분야에서도 살아남을 수 없다.

"아악~~~~악악~~악~~~!!!!!"
매일 저녁 9시, 약 10초 남짓, 아랫집에서 들려오는 소리다.
6학년 여자아이 수임이 비명이다.

수임이 엄마한테 수임이 학습 체크를 좀 해달라는 요청을 받고 몇 가지 테스트를 했다. 테스트 결과는 '우수 학생'이었지만, 수임이 표정은 어두웠다. 어떤 고민이 있으리라, 짐작했다.

"네 고민이 뭐니?" 직설적으로 물어봤다.
"네? 무슨 소리세요?" 수임이는 당황했다.
"지금 제일 싫은 게 뭐야?"
"없는데요?" 수임이는 선뜻 말하고 싶어 하지 않았다.
"음…… 힘든 점은 없어?" 대수롭지 않은 듯이, 편안하게 다시 물었다.

"힘든 점은 있죠." 수임이가 살짝 마음의 문을 열었다.

"뭔데?"

"영어학원 숙제요."

"영어학원은 왜 다니는데?"

"다니고 싶어서요."

"정말?"

"아니…… 실은 다니고 싶다기보다는 다녀야 하는 거잖아요."

"그래? 왜?"

"리스닝, 롸이팅, 문법을 잘해야 하니까요."

"왜 잘해야 하는데?"

"…… 몰라요."

"공부를 열심히 하는 모습은 훌륭하지만, 성격이 나빠지기 직전에는 꼭 멈춰야 해."

수임이가 할 말이 가득한 눈으로 나를 바라봤다.

"공부는 괴롭기 직전까지만 하라는 뜻이야! 이유는 노력하는 자는 즐기는 자를 이기지 못하기 때문이야." 내가 부드럽게 말하자 수임이가 잠시 생각에 잠겼다.

"저…… 영어학원 숙제 좀 적었으면 좋겠어요."

"그래, 넌 그동안 많이 애썼어. 고생했고. 아주 조금만 쉬며 가자."

굳어있던 수임이 표정이 밝아졌다.

"수임이가 제일 좋아하는 일은 뭐야?"

"전 요즘 소설책 읽는 게 좋아요."

"그렇구나. 아주 좋은 취미를 가졌네. 수임아, 너희 세대는 우리와는 달라. 우리는 공부 말고 다른 길을 잘 몰랐어. 우리가 그렇게 살아와서 어쩌면 아직도 너희를 같은 방식으로 키우려고 하는 어른들이 많을 수도 있어. 그런데 너희 세대는 공부가 전부는 아니야. 하고 싶은 일에 몰두하는 사람이 더 성공해. 하고 싶은 일에 몰두하는 사람은 표정이 밝아. 너는 조금 더 행복해도 돼."

"엄마가 좋은 대학 가야 한다고 하고, 저도 가고 싶은데 학원 숙제가 너무 많아요. 그래서 소리라도 안 지르면 미쳐버릴 것 같아요. 소리를 지르면 또 엄마가 뭐라 하고……"

항상 불만 가득한 표정인 수임이에게 주변 어른들은 "표정이 왜 그러냐?", "예의가 없다", "성격이 안 좋네"라며 꾸짖곤 한다. 그런 지적은 수임이에게 도움이 안 된다. 먼저 공감하고 이해하고, 그리고 아이 스스로 변화할 준비가 될 때까지 기다려야 한다.

수임이는 영어학원 강사와 이야기해서 학원 숙제를 조금 줄이고 소설책을 읽을 시간을 확보했다. 이후 9시마다 들리던 비명이 없어졌다. 아이의 표정이 밝아지니 엄마도 행복해했다.

스트레스가 많은 아이는 형제간 다툼이 잦고 짜증도 많다. 사춘기여서가 아니다. 반항할 수밖에 없도록 옭아매는 어른이 주변에 없는지 먼저 살펴야 한다. 숙제를 줄였음에도, 수임이의 영어 성적은 그대로 유지되었다. 수임이에게 숙제를 조절할 수 있게 했더니 자기 주도적으로 생활했다. 시간을 아끼려고 모르는 부분을 체크해 별도로 그 부분만 공부하기도 했다.

아이 표정이 어둡고, 행동이 거칠면 혹시 부모가 자신들도 모르게 아이에게 억압적 행동을 하고 있지는 않은지 돌아봐야 한다. 아이는 부모가 자신을 신뢰한다고 믿을 때 큰 힘을 발휘한다.

05
아이들을
한 줄로 세우지 않는다

　서울과학고가 1989년 혜화동에 개교했다. 공부라면 누구에게도 뒤지지 않는 서울의 우수 학생 180명이 입학했다. 대기업 회장 아들, 명문대 교수 딸 등 쟁쟁한 집안의 자녀도 많았다. 사교육이 없던 시절이니 그냥 똑똑해서 들어온 학생들이었다. 여자가 30여 명, 남자가 140여 명 정도였다.

　기숙사도 없었고, 시설은 열악했다. 학교는 기숙사를 지을 돈이 없었다. 으레 그렇듯 어머니회가 만들어졌고, 엄마들이 중심이 돼 돈을 거뒀다. 2층 침대 90개와 간이 화장실을 사서 빈 교실 안팎에 설치해 임시 기숙사를 만들었다.

엄마들은 또 아이들 간식을 넣어주고 '약간'의 자는 시간을 제외하고는 공부하게 했다. 미숙이가 공부하다가 쓰러지자 부모는 링거를 꽂은 채로 공부하게 했다. 이 정도면 부모의 과도한 극성이 아니라 광기라고 해야 맞지 않을까.

서울과학고에서도 우수한 아이들은 2년 만에 3년 진도를 끝내는 '속진반'에 들어갔다. 재수는 기본이라고 생각했던 시절에 속진반이라는 제도는 '빨리빨리'를 좋아하는 한국 사람 정서에 딱 맞았다. 시험 성적이 떨어지면 속진반에서 일반반으로 옮겨야 했다. 속진반 아이들은 밀려나지 않으려고 카이스트 학생에게 과외수업을 받기도 했다. 한 과목 과외비는 웬만한 직장인 한 달 월급이었다.

고2가 되자, 공부 좀 잘한다고 해서, 멋모르고 서울과학고에 입학한 아이 중 일부는 고민하기 시작했다. 과학, 이과가 적성이 아닌 게 확인돼서였다. 그렇다고 선뜻 포기할 수도 없었다. 문과를 지원하면 과학고 자체 내신이 적용되기 때문이었다. 그러면 매우 불리해서 누구도 문과 계열 학과로 진학할 엄두를 내지 못했다. 이공계열 학과로 진학하면 일반 고교와 비교해 내신을 산출한다. 즉, 과학고 아이들이 일반고 재학생일 경우를 가정해 내신을 받을 수 있게 해준다. 전공을 선택해야 하는 갈림길에서 모든 학생이 이공계열 학과를 선택했고, 180명 전원이 내신 1등급을 받았다.

엄마는 현수 과외비를 벌려고 식당 아르바이트를 했다. 현수는 엄마가 자기 때문에 고생하는 게 속상했다. 현수 엄마는 힘든 일을 해본 적이 없어서 식당 일을 마치고 집에 오면 온몸이 쑤셨지만, 집안의 희망인 아들이 다니는 서울과학고(현 영재고) 목걸이를 만지며 견뎌냈다.

현수는 문학이, 연극이 좋았다. 그래도 적성에 안 맞는 이공계열 전공학과로 진학해야 하는 상황이 고민스러웠다. 성적도 떨어졌다. 현수는 속진반에서 일반반으로 옮겨야 했다. 연극영화과는 감히 입 밖에 꺼내지도 못했다. 영문과를 가려면 내신을 포기해야 해서 서울대는 힘들었다.

부모에게도 그런 고민을 털어놓을 수가 없었다. 그때 서울과학고 1회 입학생은 부러움의 대상이었다. 부모들도 뿌듯해했고 자랑스러워했다. 현수는 그런 부모님이 실망하게 할 수가 없었다. 현수는 서울대 이공계열 학과를 선택해 입학했으나 자퇴했다. 그때 현수는 부모에게 이렇게 말했다.

"부모님이 원하시는 서울대에 들어갔어요. 부모님이 설정한 제 인생 목표가 서울대였잖아요. 제 꿈이 무엇인지는 궁금하지 않으셨잖아요. 전 제 할 도리 다 했으니 이제 제 인생을 살겠어요."

현수의 앞길은 순탄치 않았다. 서울과학고와 서울대 출신이라는 이력 탓에 역차별을 받아 취업할 수가 없었다. 작은 회사에서 일하려고 해도 이렇게 좋은 학교 나와 왜 여기 왔냐는 핀잔을 받기 일쑤였다. 자퇴도 문제가 됐다. 사람들은 자퇴자를 실패자로 여겼다.

연극이 좋아 극단에 들어가 대학로에서 전단지 붙이는 일부터 시작했으나 '서울대 자퇴자'라는 꼬리표를 견뎌내지 못했다. 결국 현수는 경기도에 있는 한 대학을 다시 들어가서 졸업해 이력을 '세탁'해야 했다.

현수처럼 다른 길을 걷는 아이들이 몇몇 있었지만, 대부분 서울과학고 졸업생은 이공계열 교수가 되거나 연구소에 들어갔다. 다수의 성과는 입소문을 낳았고, 서울과학고는 명문고로 오랜 세월 명성을 유지하고 있다. 소수의 이야기는 묻혔다.

현수가 길을 가다 쇼윈도에 걸린 텔레비전으로 눈길을 돌렸다.
"네, 서울과학고를 2년 만에 졸업하고 카이스트에 입학한 서준형 군과 인터뷰해보겠습니다." 기자가 말했다.
"공부 비결 좀 알려 주시죠."
"네, 학교 수업을 충실히 들으며 교과서만으로 공부했습니다."
같이 과외를 받고 카이스트로 진학한 친구 준형이이었다. "사교육 없이 공부했다"라는 부분은 언론사 요청에 따른 것이었다. 현수는 빙긋이 웃었다.

1970, 1980년대생들은 2000년, 2010년대생 자녀들을 자기가 했던 대로 공부시킨다. 그들은 자신이 줄을 섰듯 아이들을 줄 세우려 한다. 줄을 서 있다가 성적이 떨어지면 줄을 바꾼다. 학원을, 학군을, 지역을 바꾼다. 영어를 좋아하는지 물어보지 않고 영어를 가르친다. 수학을 좋아하는지 물어보지 않고 수학학원을 보낸다. 부모들에게 이유를 물어보면 아이들이 어차피 싫어한다고 하니까 그냥 보낸다고 답한다. 인격을 무시하는 법을 가르치고 있는 셈이다.

아이들은 자존감이 생기고, 도덕성을 갖추면, 간섭하지 않아도 기본적인 학습은 한다. 그리고 적성에 따라 스스로 행복하게 공부할 수 있다. 줄을 세우면 1등부터 꼴등까지 모두 힘들다. 행복한 아이가 사라진다. 자신이 행복하지 않으면 남을 행복하게 해줄 수 없다.

아이는 부모의 억압이 싫어도 주변 친구 모두 그렇게 사니 당연하게 여겨 특별히 반발하지도 않는다. 억압받지 않는 환경을 경험하기 전까지는 자신이 억압적인 환경에 살고 있다는 사실을 모른다. 이유 없이 화만 낸다.

민정이는 학군 좋은 지역 고등학교 반장이다. 공부도 꽤 잘한다. 그런데 족집게 과외로 100점을 받을 거로 기대했던 과학 시험에서 85점을 받아왔다. 그날 민정이는 엄마와 한바탕 전쟁을 치렀다. D고는 서울대를 한 해에 평균 3명, 연고대를 10명 정도 보냈다. 전교 10등 안에 들어야 스카이대에 갈 수 있다. 그러니 민정이 엄마는 과학 점수를 용납할 수 없었다. 뭐 어떠냐는 민정의 대꾸가 뻔뻔스럽기 이를 데 없다고 생각했다.

학부모 5~6명이 모여 아이들 이야기에 열을 올리면 흔히 볼 수 있는 장면이 있다. 모두 아이들이 미워 죽겠다며 동감한다. 물론 진짜 미워하지는 않는다. 공부 외에 아이들의 모든 행동이 거슬려 견디기 힘들다는 의미다.

스마트폰에 어플을 깔면 친구끼리 위치 추적을 할 수 있다. 그 기능을 사용해 친한 친구가 PC방에 있는 걸 확인하고는 우루루 몰려간다. 스터디카페 옥상에도 몰려 올라가 논다. 민정이 엄마는 스마트폰을 버리고 싶은 적이 한두 번이 아니었다. 민정이가 공부 못하는 아이들과 친해지면 그 아이들이 가는 곳에 가서 노니 그것도 신경이 쓰인다.

중1은 시험이 없고 중2부터 시험이 있으니 중3쯤 되면 누가 몇 등인지 어느 정도 다 소문이 퍼진다. 공부 좀 시키는 부모들은 자기 아이가 공부 못하는 아이와 어울릴까 봐 노심초사한다. 이렇게 학창 시절을 보내고 어른이 된 그들 마음엔 무엇이 남을까. 지구 환경은 시험용으로 외우고, 인류애는 모범답안으로 익히는 게 전부인데……

아이가 진심으로 자신의 인생을 위해 고민해야 하는 시간에 부모의 간섭과 무조건적 줄 세우기에 휘둘리고 있다. 그런 아이가 자라서 어떤 인성을 지닐까. 입시는 왜 아직도 이렇게 일그러진 관계를 만들어내는 것인가. 망가진 소통과 관계 위에 세워진 학력은 다음 세대로 또 이어질까. 16세 아이 모습 그대로, 18세 아이 모습 그대로 받아들여야 하지 않을까. 그 무렵 아이들이 얼마나 아름다울 때인가. 사랑과 존중을 배우고 체험해야 할 때 아닌가. 그런 사실을 모르지 않을 텐데, 잊고 있지는 않을 텐데, 현실이 안타깝기만 하다.

06
프랑스 아이들은
반항하는 법을 배운다

 7살 끌레멍스(Clémence)와 미리엄(Myriam)은 쌍둥이 자매다. 자매는 학교에서 예의 바르기로 칭찬이 자자했다. 프랑스 김치파티에서 만난 쌍둥이 엄마 마농(Manon)은 아이들이 남에게 피해 주는 행동을 하지 않는지 늘 예의주시했다. 또 어떤 장소를 갈 때, 그곳이 아이들에게 적절한 데인지 확인했다. 아이들을 나무랄 일을 최대한 피하기 위해서였다. 아이들을 많이 야단쳐서 아이들이 예의 바른 게 아니었다. 불필요하게 야단칠 상황을 아예 만들지 않았다.

 프랑스 식당에 가면 놀랍게도 아이들이 모두 조용히 앉아서 먹는 모습을 볼 수 있다. 식당 안에서 부모와 아이들이 실랑이하는 장면은 전혀 볼 수 없다. 식당에 들어가기 전에 얌전히 먹기로 약속하고, 지키지 않으면 바로 자리를 뜨기 때문이다. 미취학 아동은 식당에 데려가지도 않는다. 전두엽이 발달하기 전에는 지시를 잘 수행하기가 어렵기 때문이다.

집 식탁에 바로 앉아 조용히 먹는 훈련이 끝나면 식당에 데려간다. 아이를 데리고 처음 식당에 가면 '넌 참 예의 바른 아이야. 그래서 이제 식당에 갈 수 있어!'라는 메시지를 주는 셈이다. 아이들은 '어른 대접'을 받는 듯해 뿌듯해한다. 최대한 우아하게, 매우 예의 바르게 행동한다. 식당은 적어도 타인을 배려하고 식사를 즐길 준비가 된 사람에게 허용된 장소다.

훈육은 나이에 맞게 단계적으로 이루어진다. 프랑스인들은 부모를 위한 교육프로그램이나 책을 통해서 양육 정보를 얻는다. 그 지식을 참고하되, 실제로는 자신이 부모한테 교육받은 대로 자녀를 키운다. 환경의 놀라운 힘일까. 음식을 남기거나 엄마가 떠먹여 주는 아이는 없다. 어떤 아이도 그런 모습을 본 적이 없으니 그런 행동을 흉내 내고 따라 하지 않는다.

식탁은 먹고 동시에 즐거운 대화를 하는 곳이다. 프랑스에서 대화는 사교술로 어릴 때부터 익혀야 하는 중요한 예의인데 식탁에서 자연스럽게 배운다. 주로 식탁 위에 있는 음식의 재료부터 시작해 어떤 요리는 누가 만들었는지 등으로 이야기를 풀어간다. 새로 초대된 손님이 있다면 서로 안부와 취향 등 다양한 이야기를 어른, 아이 구분 없이 주고받는다. 식탁에서 공부나 해야 할 일을 이야기하거나, 아이를 나무라는 일은 상상도 할 수 없다.

한국은 가벼운 외식 문화가 발달했다. 흔히 아이를 데리고 식당에 간다. 식당에서 5~6세 아이들이 자주 야단맞고, 8~9세 아이들도 종종 혼나는 모습을 볼 수 있다. 애초에 아동의 발달상황에 맞지 않는 곳에 데려가 아이를 야단친다. 어떤 부모는 흥분해서 쩌렁쩌렁 울릴 정도로 큰소리로 아이를 혼내기도 한다. 그 모습은 마치 "아이가 버릇이 없어서 이렇게 열심히 훈육하고 있어요"라고 보여 주는 듯이 보인다.
아이는 부모의 훈육 내용을 새기는 게 아니라 식당에서 소리 지르는 모습만 기억한다. 아이가 식당에서 예의 없이 행동하면 조용히 데리고 나가야 한다. 그게 좋은 방법이다.

아이와 부모의 마찰은 아이에게 반항하는 법을 제대로 가르쳐 주지 않아서 생긴다.
하루는 마농이 차가 막혀서 약속 시간보다 집에 늦게 들어왔다. 끌레멍스는 엄마에게 화가 단단히 나서 방문을 잠그고 열어주지 않았다. 마농이 방문을 똑똑 두드렸다.
"엄마다."

대답이 없다.

"끌레멍스! 네 기분이 어떤지 알아. 미안하구나. 엄마의 사과를 받아줘. 부탁해."

"전 지금 그럴 기분이 아니에요. 엄마가 늦게 오는 바람에 친구 집에 못 갔다구요."

"엄마의 사과와 변명을 들을 준비가 되면 문을 열어줘. 그럼 네 기분이 풀릴 때까지 기다릴게. 그리고 엄마가 사랑한다는 걸 잊지 마. 내일 아침 식탁에 앉기 전까지 네 기분이 풀리길 바란다."

마농은 아이에게 사과하고, 기다리고, 마지노선을 설정했다.

끌레멍스는 다음 날 아침까지도 화가 풀리지 않았다. 아침 식탁에서 골을 냈다.

"끌레멍스! 미안하지만 엄마는 더 이상 참지 못하겠으니 식탁에서 일어나 주겠니?"

식탁에서 다른 가족의 기분까지 불편하게 만드는 행동은 용납되지 않는다. 끌레멍스는 자리에서 일어나 자기 방으로 향했고, 마농은 끌레멍스를 따라 들어갔다.

"네가 이렇게 오랫동안 화내는 까닭이 꼭 엄마 때문이니? 엄마도 이제 너의 태도에 기분이 나빠지려고 해."

"엄마 때문만은 아니에요. 사실 어제 미리엄과 싸웠어요. 그래서 식탁에서 같이 밥 먹기 싫다구요."

"좋아, 그럼 네가 어떻게 해결할 건지 들어보자."

"생각 좀 해볼게요." 잠시 뜸을 들이더니 끌레멍스가 대답했다.

"미리엄에게 편지를 쓰겠어요. 제 감정이 어떤지. 그리고 미리엄이 사과한다면 받아주겠어요."

"그래, 좋은 생각이야. 끌레멍스. 엄마의 사과도 함께 받아주렴." 마농은 끌레멍스를 안아주었다.

"물론이지요. 엄마, 식탁 분위기를 망쳐서 저도 죄송해요."

프랑스 엄마들은 아이의 잘못에 바로 개입해서 벌하지 않는다. 기다린다. 아이들이 이 상황이 어떻게 돌아가는 것인지 파악하고, 그 상황에 느끼는 자신의 감정을 이해하고, 그리고 해결책을 찾을 수 있을 때까지 기다린다.

엄마는 아이에게 화를 내지 말라고 하지 않는다. 잘못을 저지르지 말라고 하지 않는다. 반항하지 말라는 말도 하지 않는다. 불완전하기에 일어날 수 있는 모든 인간의 감정과 행동들을 반성하도록 도와줄 뿐이다. 엄마가 아이가 스스로 해결책을 찾게 하고, 아이의 결정에 끼어들지 않는 까닭은 서로 다른 사람이기 때문이다. 사람마다 성격이 다르니 감정을 표현하고 정리하는 법도 다르다는 사실을 서로 인정한다.

그래서 가족끼리도 성격이 달라서 일어나는 상황을 말로 정리하고 이해한다. 미리엄은 성격이 급하고 끌레멍스는 느리다. 부모는 둘이 함께 지내는 과정에서 부딪힐 수 있는 상황을 조절해 나갈 수 있도록 돕는다. 그리고 어른도 불완전한 존재임을 이해시킨다. 그래서 아이에게 부모가 잘못했을 때는 이야기해달라고 부탁한다. 아이는 일방적 관계가 아니라 상호 관계를 통해 정신적으로 성숙한다. 의존만 하지 않고, 한 구성원으로서 가족의 행복을 함께 책임지는 존재로 자신을 인식한다.

 관계의 동등함은 독서를 할 때 비판적이고 능동적인 사고를 할 수 있게 해준다. 어른의 권위에 복종하는 관계는 권위에 의해 외워야 하는 독서를 양산한다. 그러나 프랑스 아이들은 책을 읽을 때도 '이 작가는 왜 이렇게 생각했지?', '나는 다르게 생각하는데?'라고 끊임없이 의문을 품는다.
 우리나라 기준에서 보면 '참 말 안 듣는 아이', '따지는 아이'의 모습이다. 이제 우리도 '스스로 생각하는 주체적인 아이'의 모습을 미래 인재상으로 원하게 되었다. '주체적인 독서'는 '동등한 토론'에서 나오고 '동등한 토론'은 '각자 삶의 주인이 자신'이라는 인식을 실천하는 가정교육에서 나온다. 따라서 부모는 자녀의 모든 행동에 보조자, 조언자, 협력자로서 자세를 잊지 않아야 한다.
 반항하는 아이는 아이를 이해 못 하는 부모가 만든 단어다. 아이의 첫 거짓말, 첫 반항을 프랑스에서는 매우 반긴다. 이제 해결해 나가며 성숙할 수 있는 길이 열린 셈이라고 좋아한다. 반항은 '나쁜' 것이 아니라 '내가 나이고 싶어요'라는 표현이다. 그래서 잘 반항하는 법을 의논하고 제대로 가르쳐야 한다. 프랑스 부모는 전혀 거짓말하지 않는 아이, 반항하지 않는 아이는 오히려 적절한 발달이 이루어지지 않은, 건강하지 않은 아이로 여긴다.

마농은 식당에 가기 전에 아이들에게 식당의 메뉴를 설명해준다.
"오늘 식당에서는 생선이 나와. 미리엄이 생선을 좋아하지 않는데 어떻게 하지?"
"다른 메뉴는 없나요?"
"메인 메뉴는 생선인데 파스타와 감자도 있단다."
"괜찮아요. 저는 파스타와 감자만 먹어도 좋아요."
프랑스 엄마는 식당에 가기 전에 미리 아이들이 싫어할 만한 상황을 설명해준다. 아이들도 설명을 듣고 받아들였기 때문에 식당에서 좋아하는 음식이 없다고 징징거리지 않는다.
마농이 아이들을 데리고 한국에 왔을 때, 나는 전통 청국장집에 데리고 갔다. 반찬은 나물과 김치였다. 끌레멍스와 미리엄은 잘 먹지 못했지만, 전혀 언짢아하지 않고 침착하게 앉아있었다.
"어쩌지? 아이들 입에 안 맞아서······" 나는 걱정스러웠다.
"괜찮아요. 한국 음식 체험 잘하고 있으니까요. 좋은 경험이니 조금씩 먹어볼게요." 쌍둥이는 제대로 먹지 못하면서도 나를 배려하며 안

심시켰다.

 아이들이 그렇게 긍정적일 수가 없었다. 다행히 부침개가 있어서 아이들이 배를 채울 수 있었다. 나는 마농에게 어떻게 이렇게 교육했냐고 물었다.

 "싫은 것을 어떻게 표현해야 하는지 가르치고 잘 표현할 수 있도록 서로 이야기를 나눠. 추울 때는 춥다고 징징거리지 말고 '엄마 추우니 담요 좀 부탁해요'라고 말하고 피곤할 때는 '조금 쉬어갈 수 있나요?'라고 말하는 것이 어려운 일은 아니잖아. 무엇이 불만스러운지 명확히 이야기하도록 하는 거야. 나 역시 아이들이 성가시게 느껴지거나 기분이 좋지 않으면 '엄마가 잠시 혼자 있고 싶은데 기다려 주겠니?'라고 말해. 언젠가 남편과 여행을 가려고 시댁에 아이들을 맡긴 적이 있었어. 미리 할머니 댁 사정과 음식, 불편할 만한 요소를 설명했고, 아이들은 시리얼과 초코쿠키는 꼭 가져가자고 해서 챙겼지."

 "너는 한국 엄마들의 교육방식이 어떻다고 생각해?"
 "한국 엄마들은 아이들에게 열성적인 것 같아. 그게 좋게 보여. 그런데 아이들에게 자주 화를 내는 것 같아. 화가 났는데…… 아이들에게 엄하지는 않아. 마치 아이들이 툴툴대듯이 불만을 터뜨려. 공공장소에서 떼쓰는 아이에게 그 자리에서 훈육하는 걸 많이 봤어. 아이를 훈육한다기보다는 아이와 싸운다는 느낌이었어. 아이들에게 '왜 그래?'

라는 말을 많이 쓰더라고. '하지 마!'라고 단호하게 말해야 하는데……
'왜 그랬어?'라고 소리 지르는 건 좀 의아했어."

"아이들이 다짜고짜 장난감을 갖고 싶다고 하면 어떻게 해?"
"마트에는 미리 다짐하고 가는 편이야. 장난감은 약속한 날이 되어야 사줄 수 있다고."
"아이들에게 통할 리가 없잖아. 막상 눈에 보이면 막무가내일 텐데."
"만일 떼를 쓰면 어떻게 할지도 미리 이야기하지. 그리고 자신 없으면 집에 남아있으라고 하고……"
"초보 엄마들에게는 쉽지 않겠는걸."
"꼭 그렇지도 않아. 인간의 본성, 아이의 단계별 발달상황, 약속, 배려, 이런 기본만 알면 모든 문제는 풀 수 있어. 서로 통하거든."
"기본을 알면 다 통한다는 말이 와닿아."

한 유명 심리학자도 평생 인간의 심리를 연구했지만 '부인'의 심리를 이해하는 것이 가장 어렵다고 했다. 가족은 가까운 '타인'이다. 그래서 이해하려고 노력해야 하고 '예의'를 갖추어 소통해야 한다. '기본'을 잃으면 서로에게 상처를 주는 관계가 된다.

07
프랑스에선 아이가 해결하게 기다린다

가파른 계단을 오스카가 뒤뚱뒤뚱 걸어 올라갔다. 이제 막 3살밖에 되지 않은 아이였다. 오스카는 다 오른 뒤 되돌아 내려오려 했다. 계단을 내려다보고선 엄두가 나지 않는지 한동안 주저했다. 기저귀를 찬 짧은 다리로 몇 차례 발을 내디디려 했다. 닿지 않았다. 오스카는 엎드려서 뒤로 미끄럼 타는 자세로 내려왔다.

프랑스 유학 시절, 포도밭이 펼쳐진, 햇살 좋은 보르도에서 베이비시터로 아르바이트할 때 직접 목격한 장면이다. 매주 수요일, 300년 된 2층집에 찾아가 손자 둘을 돌봐주는 안드레 할머니를 돕는 일을 1년쯤 했다.

오스카가 계단을 내려오려고 할 때 '한국식'으로 번쩍 들어 옮겨 줄 수도 있었다. '프랑스식'은 조금 떨어져 그냥 아이들을 지켜보는 것이었다. 그게 나에게 주어진 주요한 역할이었다. 나는 정원의 흔들의자에 앉아 아이들이 다치지는 않는지 살펴보거나 가끔 피아노를 쳐주었다.

오스카는 막내였고 두 살 위 형 뗄레마크가 있었다. 형제는 아침에 일어나면 우유와 초코과자를 한 개씩 먹고 거실에서 장난감을 갖고 놀거나 정원을 돌아다녔다. 형제는 기고 오르고 굴렀다. 접근금지 구역은 물과 불이 있는 곳뿐이었다. 형제는 정원에서 블루베리를 따 먹기도 했다. 입가와 옷은 블루베리 물이 들어 엉망이었다. 안드레 할머니는 형제를 씻기지 않고 저녁 목욕 시간 전까지 그냥 내버려 뒀다.

오스카는 장난꾸러기였는데, 개 등에 올라타려고 기를 쓰기도 했다. 그 집에는 커다란 개 3마리와 고양이 2마리가 있었다. 오스카는 리트리버종인 커다란 흰둥이 등에 타려고 낑낑거리곤 했다. 착한 흰둥이는 조용히 등을 낮추어 주었다. 흰둥이는 필립이었다.

할머니는 "개를 괴롭히지 말라!"는 등 저지하는 말은 하지 않았다. 할머니가 아이들을 훈육하는 유일한 말은 "개를 다정하게 만지거라!"였다. 할머니는 그 말을 나지막하지만, 짧고 단호하게 했다. 직접 아이들 손을 잡고 개 등을 부드럽게 쓰다듬는 법을 알려주었다.

가끔 할머니와 아이들과 함께 차로 1시간 정도 거리에 있는 아르까숑(Arcachon)이라는 바닷가 휴양지에 가기도 했다. 그곳에서도 할머니는 태닝을 하고 아이들은 알아서 놀았다. '어디까지 가야 한다'든가, '가지 마라'든가, '무엇을 만지지 마라'…… 그런 식으로 아이들의 행동을 제한하는 말은 단 한마디도 하지 않았다. 모래가 입에 들어가면 들어가는 대로, 넘어지면 넘어지는 대로 그대로 두었다.

파도가 밀려오면 뗄레마크는 뛰어서 피했고, 오스카는 거북이처럼 다다다 기어 나왔다. 파도가 아이들을 삼켜 아이들이 나뒹굴고 모래를 먹기도 했지만 매우 위험하지 않으면 아이들의 놀이에 끼어들지 않았다. 마실 물도 달라고 할 때까지 먼저 건네지 않았다. 물은 보이는 곳에 두었고 아이들이 알아서 마셨다. 할머니와 나는 멀리서 아이들 노는 모습을 지켜보며 일광욕을 즐겼다.

여름에 아이들은 마당에 있는 수영장에서 물놀이하고 낮잠을 잤다. 저녁을 먹은 후에는 각자 침대로 향했다. 아이들이 잠자기 전에 프랑스어로 된 동화책을 읽어주기도 했다. 동화책을 읽을 줄 때 등장인물 이름이 어려워서 틀릴 때도 있었다. 그때마다 뗄레마크는 실눈을 뜨고 "진시, 루이즈 꼬빌라(Louise covillas)"라고 바로잡아 주고는 했다. 아직 글씨를 몰랐지만, 부모가 읽어주었을 때 이름을 기억하고 있었다.

뗄레마크는 다음 해에 초등학교에 입학할 5살이었다. 그런데 알파벳조차 배우지 않았다. 아이들 할머니와 할아버지는 의사, 엄마와 아빠는 건축사였다. 전문직 종사자들이어서 학업의 중요성을 잘 알 터인데도, 알파벳을 가르치는 데 별 관심이 없어 보였다.

어느 날 아이들 엄마인 오딜에게 그 까닭을 물어봤더니, "가르칠 필요가 없기 때문"이라고 답했다. 알파벳을 배우다가 5살 때 누리고 깨쳐야 할 것을 놓칠 수 있기 때문이라고 했다. 5살 때 누리고 깨쳐야 할 것은 무엇일까.

뗄레마크가 6살이 되었을 때 집에 피아노 선생이 왔다. 그 집에서 본 '교육' '학습'의 전부였다. 아이들은 삼촌들이 와서 피아노를 연주하거나 바이올린을 켜는 모습을 보며 자라서 음악을 시작하는 것에 부담을 느끼지 않았다. 수영도 물놀이를 충분히 한 후에 배워 물을 두려워하지 않았다.

프랑스 아이들은 6살에 초등학교에 입학한다. 한국 나이로는 7살, 신학기 시작이 9월이니 반년 정도 빨리 입학하는 셈이다. 프랑스 가정에서는 입학 전에 알파벳이나 글자를 가르치지 않는다. 한국 나이로 8살, 프랑스 나이로 6, 7살 전에 무엇인가 학습시키면 뇌에 좋지 않다고 생각한다. 그 시기에 발달해야 할 뇌의 특정 영역이 학습하면 잘 자라지 못한다고 여긴다.

대신 동화책을 읽어주고 아이는 들으며 상상하게 한다. 일부 상류층은 외국어 조기교육을 위해 영어권 베이비시터를 구해 생활 속에서 영어를 쓰게 하지만 책으로 가르치거나 학원을 보내지는 않는다. 프랑스에는 아이들을 위한 영어학원이 없다.

프랑스 가정에서 하는 취학 전 교육은 식탁에 바로 앉아 즐겁게 먹는 법을 가르치는 게 전부인 듯이 보였다. 여기서 두 가지 핵심은 '바로'와 '즐겁게'이다. 한마디로 '식사 예절'을 뜻한다. 조용히 소리 내지 않고 먹기 등 예의는 물론이고 즐거운 대화도 포함된다. 어른들은 아이들 이야기를 듣고 아이들은 어른들 이야기를 듣는다. 듣고 말하는 관계가 형성되는 동안 아이들의 '생각 머리'는 쑥쑥 자란다. 부모와 자녀, 초대한 손님과의 대화와 관계 형성을 통해 아이들은 성숙해진다. 대화 속에 나오는 음악, 문학, 사회, 자연 모든 소재가 교육이다.

프랑스 '밥상머리 교육'은 아주 일찍 시작된다. 3살 아기도 엄마가 먹여주지 않는다. 젖병이나 물병도 아이가 잡을 수 있으면 아이 앞에 놓아두기만 한다. 입에 물려주지 않았다. 4살이면 포크와 나이프로 음식을 자기가 잘라 먹게 한다. 자르기 어려운 음식도 아이 나름의 방법으로 먹게 내버려 둔다.

아이들은 밥을 먹다가 돌아다니지 않는다. 엄마가 밥을 먹여주는 것은 본 적이 없다. 프랑스에선 밥은 '무엇'을 먹느냐보다 '어떻게' 먹느냐가 중요하다고 여긴다. 기초적인 예의를 지키며 먹도록 가르친다.

또 하나 의외였던 점은 아이들에게 채소를 먹이는 방법이었다. 아이들이 먹지 않을 걸 뻔히 알면서도 항상 아이 접시에 채소를 놓아주었다. 그렇다고 채소를 먹으라고 강요하지는 않았다. 먹지도 않는 채소를 아깝게 왜 놓아주냐고 묻자 안드레 할머니는 이렇게 말했다. "아이들은 당근의 색깔을 보고 냄새를 맡을 수 있어. 익숙한 음식은 때가 되면 먹게 되지……"

프랑스 부모는 자녀가 스스로 길을 찾아 해결할 수 있게 기다린다. 유치원 아이들이 옷 입는 것을 도와주지도 않는다. 아이들도 당연히 스스로 해야 한다고 여긴다. 단, 엄마들은 아이들의 속도에 맞춰 기다린다. 산책할 때도 부모들은 아이의 산책 속도가 어른들과 다르다는 것을 알기 때문에 기다린다. 아이들은 꽃을 보고도 멈추고, 벌레 움직임도 살피고, 날아가는 새도 서서 바라보지 않는가. 아침에 책가방을 쌀 때도 부모는 개입하지 않는다. 엄마는 척척 3분이면 끝낼 수 있지만, 아이들은 이것저것 찾느라고 10분 이상이 걸리고, 그래도 놓치는 것이 있지만……

겨울에 아이가 얇은 옷을 입고 나가도 그대로 둔다. 나가보고 추워서 더 두꺼운 옷을 달라고 할 때 준다. 여름에도 긴팔을 입으면 더우니 더 얇은 옷으로 바꾸고 싶다고 말할 때 도와준다. 엄마가 입으라는 옷과 아이가 입으려는 옷이 달라 실랑이하는 일은 없다. 의사 표현을 할 수 있을 때부터 아이가 옷을 고른다. 그렇게 놔두면 아이는 날씨와 옷의 두께를 살피며 고르는 습관이 든다.

한 번은 아이들을 데리고 예방접종을 하러 병원에 갔다. 주사를 보고 아이들이 겁을 먹으며 물었다.
"저거…… 아파요?"
할머니는 정확히 알려줬다.
"물론 아파. 하지만 네 몸을 보호하려면 맞아야 하는 거야."
"안 맞고 싶어요."
"네 마음은 이해하지만 하고 싶은 것만 하고 살 수는 없어. 때로는 싫은 일도 견뎌내야 한단다."
아이가 울먹울먹하자 할머니는 다시 차분히 설명했다.
"너는 울고 싶으면 울 수 있어. 하지만 여기서는 안 돼. 이곳엔 다른 아픈 사람들도 있어서 네가 울면 방해가 될 거야. 힘들겠지만 다른 사람들을 위해 잠시만 참아주렴. 너는 용감한 아이잖니."
아이는 울음을 꾸욱 참으며 고개를 끄덕였다. 공감, 이해, 배려는 아이의 일상에 스며들었다.

교사들도 기다린다. 초등학교 1학년 수업에서 교사들은 사전에 설정된 학습 목표와 계획에 따라 내용을 일방적으로 전달하려고 교과서를 사용하지 않는다. 예를 들어, 아이들이 그림을 그렸으면 그 그림에 대해 서로 설명하고 그때 나온 동사들을 익히게 한다. 미술과 역사를 함께 배우고, 사회와 자연을 함께 공부한다. 어떤 과목도 이론부터 가르치지 않는다. 아이들의 이해 속도가 다르면 기다린다. 느린 아이를 채근하지 않는다. 느리면 느린 대로, 그 아이의 속도에 맞춰 수업을 진행한다. 느린 아이가 이해할 동안 교사는 기다린다.

또 아이들끼리 의논하고 생각하고 고민하도록 내버려 둔다. 어떨 때는 개입하지 않고 해결책을 제시하지도 않고 지켜보기만 한다. 책상에 걸터앉아 무심히 창밖을 보기도 한다. 아이들을 주시하면 부담을 줄 수 있어, 교사를 의식하지 않고 서로 토론할 수 있게 하려는 배려가 담긴 '시선 처리'다.

국내 국제학교 중에서도 그런 교육철학을 실천하는 곳이 있다. 연간 학비가 5,000만 원이 넘는 국제학교에 아이를 보내는 한 학부모와 아이 교육을 걱정하며 이런저런 이야기를 나눌 때, 그분은 무심코 이렇게 말했다.

"그 학교 선생님은 아무것도 안 하시더라고요."

비싼 학비를 내는 만큼 교사가 무엇인가 열정적으로 가르치고 아이들을 끌고 가는 모습을 보여 주기를 원했는데 그렇지 않다며 아쉬워했다.

나는 속으로 말할 수밖에 없었다.

"가장 적게 개입하는 교사가 최고의 교사입니다."

나가며
토론은
'치유'였다

자녀 교육을 고민하는 부모에게 말하고 싶다.

자녀 교육은 부모의 정서에 달렸다고.

그리고 자녀는 바르게 크면 된다고.

교육의 목표가 비틀어지고 욕심이 가득한 상태에서는 절대 아이를 바르게 키울 수 없다.

모국어를 예로 들면 처음 몇 단어는 플래시 카드로 배운다. 그러나 플래시 카드로 아이가 하는 말 전체를 가르치지는 않는다. 공부도 그러하다. 외우고 시험 보는 것으로는 아주 일부를 배울 뿐 전체는 잠재력이 이끌어낸다. 공부 역량은 잠재력이며, 잠재력을 일깨우는 가장 좋은 학습법은 토론이다. 미래를 살아갈 아이가 갖추어야 할 역량은 협력, 비판적 사고, 의사소통, 자신감, 창의적 혁신 등이다. 이러한 것들을 배울 수 있는 학습법은 토론이다.

 왜 이러한 역량을 갖추는 것이 중요한가. 그것은 우리가 다양한 방식으로 사람들과 관계를 맺고 살기 때문이다. 토론수업을 하며 아이들은 서로를 진심으로 '배려'하게 되었다. 그게 토론수업의 가장 큰 성과였다.

 사람과 관계를 맺는 법이 성숙해졌고, 수업 후 놀 때도 다툼이 일어나지 않았다. 공부를 싫어하는 아이도 당당해졌고 마음이 단단해졌다. 공부를 잘하는 아이는 겸손하고 너그러워졌다. 나와 타인을 이해하는 마음 그릇이 커지니 스트레스가 줄었다. 다음 시간에 토론하고 싶은 주제를 아이들이 정했으며, 서로의 고민을 들어주고 해결책을 고민했다. 하고 싶은 일에 대한 확신이 생겼고 마음이 반듯해졌다.

 우리는 살면서 무의식중에 타인의 삶을 많이 좇는다. 남이 산 차를 사고 싶어 하고 남이 듣는 음악을 좋아한다. 심지어 남이 좋다는 방식으로 평생을 사는 사람도 있다. 타인과의 관계가 팽팽하게 얽혀 있다. 때로는 '자신'을 잃어버린다. 그러나 '나답게' 살아야 행복하다. '내 맘대로'가 아니라, '배려'를 기반으로 '나답게' 사는 걸 말한다.

토론수업은 내가 내 생각을 말하는 시간이다. 내가 나일 수 있는 순간이다. 아이들이 '나'를 경험하면 삶의 심지를 튼튼하게 하고 자신을 객관적으로 볼 수 있게 된다. 토론하며 '소통'하는 법을 터득해 바르게 관계 맺고 표현하는 능력을 키울 수 있다.

처음 토론수업을 시작할 때 큰 성과를 기대하지는 않았다. 그저 아이들이 즐겁게 말하고 의견을 나누는 수업이라고 생각했다. 그런데 토론수업 시간에 아이들은 자신의 고민을 털어놓고 문제를 던졌다. '답'이 아니라 '문제'를 찾았다. 그리고 함께 고민했다. 서구사회에서 왜 그렇게 토론을 중시하는지 수업을 통해 뼈저리게 느꼈다. 토론은 아이를 변화시켰고 마음을 치유했다. 변화한 아이는 부모를 변하게 했다. 우리는 삶이라는 주어진 시간 동안 수많은 타인과 얽혀 있다. 그 관계 속에서 이해받지 못하고 배척당하면 죽음보다 더한 고통을 느낀다. '작은 배려' 속에서 삶의 의미를 느끼기도 한다.

토론은 삶의 갈등을 조절하고 서로를 이해하는 과정에서 행복을 가져다주는 열쇠다. 토론하는 아이들이 자라 우리 사회를 더 행복한 사회로 변화시키길 기대한다.

똘레랑스 독서토론

Ⓒ배진시

2022년 08월 15일 1판 1쇄 인쇄
2022년 08월 25일 1판 1쇄 발행

지 음 배진시
편 집 이주현
교 정 이상헌
그 림 배은미
디자인 이연정

펴낸이 이건우
펴낸곳 일리
인 쇄 금비피앤피

출판등록 2005년 1월 12일 제 300-2005-6호
주소 06634 서울 서초구 서초중앙로18길 43, 5층(서초동, 율전빌딩)
전화 02-3673-1212, **팩스** 02-743-1211
이메일 eeleebooks@naver.com

*이 책은 저작권법에 따라 보호받고 있습니다.
ISBN 978-89-97008-53-7 03370